U0021828

看漫畫零基礎學會
資產配置

管鵬——著／繪

CONTENTS 【目錄】

推薦序

資產配置：既是選擇，也是智慧

以前常常聽別人說「時間在哪裡，成就在哪裡。」也就一直認為「時間」是人生最重要的資源。後來偶然讀到一本書說道，最重要的財富從來不僅僅是金錢，更重要的是時間，而比時間更重要的是注意力；換句話說，若以重要程度來看，注意力 > 時間 > 金錢。

這個時候才真正理解，原來「時間在哪裡」，最關鍵的並非「時間」而已，而是「在哪裡」，也就是如何去進行時間的配置，才會形成我們對於生命的投資，以及成就的養成。

記得我剛開始做郝聲音 Podcast 的時候，就告訴團隊我會把所有的注意力和時間放在主持這個環節，所以如果錄音完成之後，大家盡量不用針對 Podcast 進行任何的剪輯。

這樣子就可以把剩下的時間，去做其他更有價值的工作。

後來做了一年多之後，我們的郝聲音 Podcast 成為表演藝術類的冠軍，我也在主持的功力上面有了長足的進步。

記得有次好友來觀摩我們，在他回家的時候還特別告訴我，他回去也想效法我們做 Podcast，我不僅鼓勵他，也還特別提醒不一定要花太多時間在剪輯上面。經過兩個禮拜之後，他又回來找我，告訴我說他回去就做了半個小時

的 Podcast 錄音，但還是忍不住剪輯了三個小時，因為他覺得沒有辦法像我主持的這麼流暢。然後我就告訴他說，我是因為花了將近一年多的時間都在主持上面，從來不剪輯，才能夠主持的這麼流暢，變成一個他心目當中口才不錯的主持人。

但是如果他每次錄音完畢，都要花這麼長的時間去做剪輯，那麼經過了一兩年之後，可能他的主持功力還是沒有辦法爐火純青，但是他會變成一個非常厲害的⋯⋯

這時候他自己接話說了：「剪輯師。」

所以說，時間需要配置，才會成就我們人生；金錢、財富和資產也需要配置，才會達成我們想要夢想。

資產配置，是一種選擇，也是種智慧。

讓我們一起來場「資產配置」學習之旅，共同成就幸福人生，實現美好夢想。

郝旭烈
企業知名財務策略顧問

作者序

你我都要修練的人生課題

普通人做投資理財，最重要的就是控制風險，獲取穩定收益。

但要實現這個目標，我們就必須學習一些資產配置的入門知識。

本書以漫畫圖解的方式，從為什麼要做資產配置講起，清楚描述與分析現代人進行資產配置時要注意的四大目標。

此外，我更以擅長的生動明快的敘述風格，清楚地為讀者一般人可以用來做為資產配置的金融商品，比如股票、基金、債券、保險等。在此基礎上，自成系統地為讀者們介紹了資產配置前需要預做的準備工作、不同的資產需要有不同的配置策略，以及在經濟週期和人生週期的不同階段上，每個人應當如何為自己找尋並執行最洽當的資產配置。

與君共勉之，大家加油！

管鵬

引言

別把雞蛋放在同一個籃子裡

所謂「別把雞蛋放在同一個籃子裡」，這句話想必人人都聽過，但又有多少人真正做到？為了瞭解大家的現狀，我們不妨先來做個市調……。

問：「你覺得自己擁有哪種資產嗎？」

拿來花用都嫌不夠了，哪來的資產？

我名下有車有房，這算是資產吧？

我手上有一堆「套牢」的股票……

xxTV

問：「你理解『別把雞蛋放在同一個籃子裡』這句話真正的涵義嗎？」

問：「你聽過『資產配置』這個名詞嗎？」

問：「你覺得什麼樣的人應該做資產配置？」

問：「你如何為自己做好資產配置呢？」

你是否跟著回答這幾個問題？你的答案又是什麼？是覺得自己比大多數人擁有更多資產、更懂得資產配置，還是覺得自己對這些問題不感興趣，甚至迷惘呢？其實，不管是在我自己經營的臉書粉絲團裡，還是在現實生活中，我透過與粉絲和朋友們的聊天內容裡，赫然發現竟有 80% 以上的人對資產沒有清晰的概念，更有 90% 的人認為投資就是買股票！遑論在所有買股票的投資人當中，更有 99% 是虧損的。

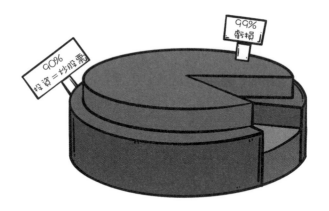

這可怎麼辦呢？

大家原本都指望著透過投資來逐步增加個人財富，但現實卻總讓大夥兒鎩羽而歸，不僅未能在投資的戰場上攻城掠地，反而搞到丟盔棄甲，將自己好不容易存下來的積蓄，虧損殆盡。

所以，不想浪費金錢、只想穩定獲利的朋友們，確實應該有系統地了解一下何謂資產配置了，唯有如此，才能讓你的財富在既科學且合理的狀態下，在你所選擇的不同籃子中，穩定成長。

「資產配置」其實是指，根據投資需求，將資金放在不同資產類別之間進行分配，一般來說，整個過程又可分為三個階段。

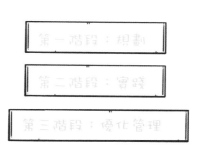

我就是希望能將這三個階段徹底拆解後，清楚展現在大家的面前，進而一步步管理好資產，直到達到自己想要的財務狀況。

而在開始進入本書的主題之前，我們先來釐清以下三個觀念。

第一個觀念是理財。理財指的是管理包括資產和負債在內的財富，藉以達到保值、增值並能應對未來支出的目的。

第二個概念是投資。投資是在一定領域投放資金，藉以達到在未來獲取收益或資金增值的目的。

也就是說，理財是為了合理安排收支，不做月光族，以此確保在任何情況下，未來都能有錢可花；而投資則是為了完成最大幅度的獲利，但這樣一來便可能要承受較大的風險，未來的結局較難預測。

第三個概念是資產配置。資產配置既是理財也是在投資，既要達到投資獲利的目的，也要兼顧風險控制，讓未來的生活衣食無憂。

所以，資產配置要求在不同時期持有多種不同的資產，這是因為每種資產都有波動週期，如果你只購入某一種資產，那麼你的財富就會完全隨著這種資產的波動而波動。

　　比如當你只投資某一支股票時，如果這支股票的價格是這樣波動的，那你的資產也會跟著這樣波動。而這時若再加上也在這樣波動的債券，那麼你的資產就變成這種的波動方式。

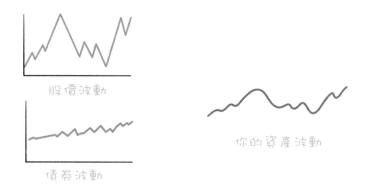

股價波動

債券波動

你的資產波動

　　如果在此基礎上再配置上貨幣，那你的資產就會變成這樣波動。

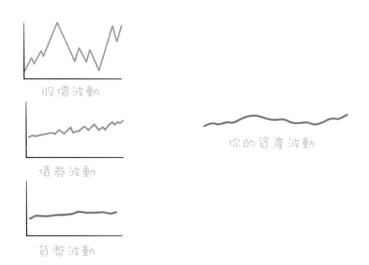

股價波動

債券波動

貨幣波動

你的資產波動

現在，大家都能夠理解資產配置了嗎？

若不能也沒關係，我再舉一個更具體的例子。

假設，你的鄰居老王認為買股票是最好的投資方式，所以他將自己全部的積蓄 500 萬元投入股票市場。

我是老王，股市就是我的家！大家習慣稱呼我「神鬼玩家」！

而你手邊更好也有 500 萬元，不過你多少聽說過一點資產配置的知識，所以你將 250 萬元投入股票市場，用另外 250 萬元購入了波動性更小的債券。

股票 100 萬元

股票 250 萬元
債券 250 萬元

第一年下來，股票市場大漲 80%，債券市場則中規中矩地小漲 5%。此時，老王的資產變成 900 萬元，反觀你的資產只小漲到 712.5 萬元。

股票 100 萬元　　　　股票 250 萬元　債券 250 萬元

| **第一年** | 股票 900 萬元 | 股票 450 萬元　債券 262.5 萬元 共 712.4 萬元 |

第二年，股票市場大跌 40%，倒是債券市場成績斐然，漲了 8%。此時，老王的資產跌得只剩 540 萬元，而你的資產也跌到 553.5 萬元。

股票 100 萬元　　　　股票 250 萬元　債券 250 萬元

| **第一年** | 股票 900 萬元 | 股票 450 萬元　債券 262.5 萬元 共 712.4 萬元 |
| **第二年** | 股票 540 萬元 | 股票 270 萬元　債券 283.5 萬元 共 553.5 萬元 |

第三年，股票市場表現還算平穩，但即使如此仍舊跌了10%，反觀債券市場表現依舊突出，幫你賺了7%。此時，老王的資產變成 486 萬元，你的資產增加變成了約 546.5 萬元。

	股票 100 萬元	股票 250 萬元 債券 250 萬元
第一年	股票 600 萬元	股票 450 萬元 債券 262.5 萬元 共 712.4 萬元
第二年	股票 540 萬元	股票 270 萬元 債券 281.3 萬元 共 563.5 萬元
第三年	股票 486 萬元	股票 243 萬元 債券 300.9 萬元 共 546.5 萬元

現實生活中，一檔股票的波動率皆可能比上述案例中的股票還要大，甚至還有被迫下市的可能，很多投資人被套牢了好幾年都無法自拔，箇中風險，可想而知。

三年來，資產不增反減，還不如把錢放銀行定存啊！

　　但是，有了資產配置這個科學神器，你就可以按照一定比例，將股票、債券、貨幣、保險等不同資產組合起來，讓整個投資組合更接近自己想要的模樣，為你贏得更優質的風險收益比。而經過資產配置，投資組合的整體波動將不會像雲霄飛車那樣大起大落，同時滿足你對於收益的要求與規避風險的目的。最重要的是，你不會像坐雲霄飛車一樣，時時處於恐懼和焦慮中。

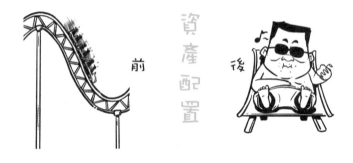

　　總之，將你的財富放在處於狂風暴雨的大海上，你的心情和財富安全也會跟著風雨飄搖。若將你的財富放在加密保管的保險箱裡，它們卻又無法自我成長……。只有將財富放在各個不同的地方，你才能在風和日麗的沙灘上曬太陽，也無須再擔心局部的風險。

為什麼要做資產配置？

1.1

「為什麼」比「怎麼做」更重要

　　身為一名財經網紅，雖說我平時主講的內容是投資股票，但總會有朋友及粉絲們和我聊起資產配置的話題，並且詢問我對此一主題的建議。

　　而在這些提到資產配置時，我發現大多數人並未真正理解資產配置是甚麼？甚至是幾乎 100% 都對資產配置充滿著誤解……。

> 哈！多買幾檔不同產業的股票不就是資產配置了嗎？

> 既買股票又買基金，才叫資產配置！

> 我好像沒什麼資產，還是以後再說配置的事吧……。

　　其實，大家之所以沒有想明白如何去做資產配置，那是因為幾乎所有人從未想過：

為什麼要做資產配置？

這好比是明白資產配置的定義，遠比理解如何做好資產配置來得重要許多。

比方說，當你徵詢某一名投資人為什麼要買股票時，你得到的回答極有可能是：

對於「為什麼要投資？」與「為什麼要做資產配置？」後者這種似乎更顯籠統一點的問題，通常就有更多人會感到模糊，只覺得自己好像應該要做，或者勉強說出「為了降低風險」這種沒有意義的答案。

降低風險當然是沒錯，但既然存在銀行裡的風險會更低，那為什麼大家不直接把錢存進銀行便罷？

這樣豈不是更加方便、少煩惱嗎？

其實，資產配置的真正意義是，讓我們在風險和收益當中找到平衡。

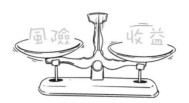

由於每個人對風險的承受能力不同，對收益的追求目標也不盡相同，所以如果將風險和收益放到蹺蹺板的兩端，每個人找到的平衡點就肯定大不相同。

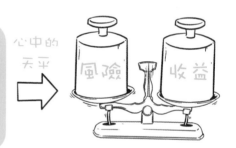

別人做什麼？投資什麼？如何配置？甚至賺了多少錢？……這些都與你無關。你必須要有自己的目標，而且還必須是一個清晰且具體的目標，這樣才能妥善平衡自己的投資蹺蹺板。

而這個清晰具體的目標是什麼呢？

可以是買房、買車，可以是創造寬裕優渥的老年生活，當然也可以是實現某個夢想，甚至還可以是——

別人做什麼？投資什麼？如何配置？甚至賺了多少錢？……這些都與你是否確定目標無關，我們要做的是把它轉化成具體的金額，並為接下來的資產配置進行規劃，椿椿件件都該圍繞著這個目標去進行才是。

大家現在是不是對如何確定這個具體的目標和金額，還有點感覺無從下手的茫然？別著急，且讓我們一步一步來，先說說看為什麼一定要改變財務現狀？難道滿足於現狀不好嗎？

12

資產配置的目的 | —**工作分身術**

　　最近幾年，總能在網路上看到很多與職場有關的經典金句，說什麼「00後」開始出來整頓職場了⋯⋯，這便是一例。

　　有人說，這是因為「00 後」多半家境優渥、吃穿不愁，所以毫不在乎一份工作；也有人說，這是因為「00 後」很有個性、敢說敢做，從不願意委屈自己。我相信這其中肯定還有著其他不為人知的原因，但即使如此，仍有一個很重要的原因卻最容易被眾人忽略，那就是工作能夠提供給年輕人的價值感，越來越少。

　　對於當年大多是學歷並不高的「70 後」和「80 後」來說，擁有一份好工作，可能意味著自己一個月的收入可能就已遠遠超越父母親辛苦勞動一年的收入；甚至可能意味著，在各方面都超過大部分的同齡世代，更可能意味著自己有能力在大城市裡買房買車，生活品質因此獲得大幅提高。

　　其實到「80 後」開始邁進社會時，他們能從工作中得到的資源已比「70 後」少上許多了，所以，當年「80 後」也曾被認為不好管理。

　　而當來到「90 後」和「00 後」成為職場小白時，情況更加明顯了，現在若想給「00 後」一份月薪 3 萬元的工作，這個金額相當於當年給「70 後」三畝地去種。

上哪裡去找月薪不到3萬元的工作？還得加班委屈自己？

　　從小嬌生慣養長大的「00後」願不願意去「種」還不一定，更別說要為了這「三畝地」去委屈自己。

　　有些家境優渥的年輕人，在領著固定月薪的情況下，還會伸手向父母親要零用錢。家境一般的年輕人，則只能靠著固定薪水艱難度日，對大部分上班族來說，想要憑藉自己的實力買房買車，越來越難。

　　為此，我查閱了不少資料，雖然對於物價上漲和薪水上漲的比例沒有一個明確的定論，但仍有一個事實還是顯而易見的。那就是三、四十年前的月薪平均是 5,000 塊錢，但金額足夠養活一家四、五口人。

而時間來到 2022 年，台灣的人民平均薪資所得約是
57,045 元，對於很多人來說，養活自己都勉勉強強，信用
卡根本就是生活必需品。

不可否認的是，現在的生活水準和三、四十年前不可同
日而語，人們對於商品的要求和需求都在逐步提高，這也是
上班族薪水越來越不夠用的一大主因。

總之，僅僅依靠固定薪水可能會讓你的生活變得越來
越拮据，距離自己理想中的生活形態越來越遠。畢竟你的時
間、精力都是有限的，即使放棄享受生活，廢寢忘食地全心
投入在工作上，也不一定能保證換到自己想要的結果。

而管理你的資產就完全不一樣了，這件事就像孫悟空的
汗毛一樣，可以變出很多個你，大家一起來幫你賺錢，而且
它們比你更努力、更勤奮、更加不知疲倦為何物。

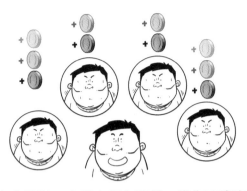

當你在上班時，它們在幫你賺錢；當你下班吃晚餐時，它們還在幫你賺錢；當你從事娛樂休閒活動時，它們也在幫你賺錢；甚至是當你晚上熄燈睡覺之後，它們仍在幫你賺錢……。

這樣聽起來，是不是比你一個人埋頭苦幹好多了？

這就是資產配置的第一個目標，不讓自己完全依附在工作與賺取薪水上頭，你甚至能動用薪水以外的收入來改善生活，不讓失業變成好比天塌下來一樣的慘事或大事，你甚至還可以提前退休。

有它們幾個好幫手在，我就可以提前退休，開始去看看外面的世界了。

1.3
資產配置的目的 II—**儲存勞動力**

　　勤儉節約的台灣人一直熱衷於存錢，截至 2021 年，日本的儲蓄率是 27.8%，德國為 28.7%，美國為 18.6%，英國只有 13.4%。

　　與此同時，台灣儲蓄率竟然高達儲蓄率 39.51%，也就是台灣民眾每人每賺 100 塊錢，就會存下大概近 40 塊錢，遠遠超過世界平均水準。這就好比彼此見面時習慣問上一句「吃過飯了嗎？」一樣。

　　這都是因為過去的台灣社會，曾經有過一段艱辛的、挨餓受凍的歲月，所以大家習慣未雨綢繆，期望能替未來，尤其是年老以後的生活預做準備。但嚴格說來，把將近一半的收入存起來，就真的足夠你未來養老使用了嗎？

不是吧！我半輩子賺來的錢竟還不夠我退休養老？

　　生活水準影響著人均壽命，這件事也非常好理解。在不考慮遺傳、教育、醫療、環境等因素的前提下，台灣民眾平均預期壽命，也勢必將會隨著人均收入的增加而繼續增加。

　　這還沒算上科技進步帶來的改變，除了 3D 列印器官、奈米機器修復技術（Nanotechnology）、改造基因等我們或多或少聽說過的技術，葡萄牙科學家又研究出了增加人體細胞分裂次數的方法，能將人類壽命延長至少 29%。

這都不算啥，如果細胞能「無限分裂」，人類甚至能永生。

　　永生大概離我們還有一段距離，我們先假設未來人們能活到 90 歲。如果從 30 歲開始生活、工作穩定，並能夠每個月存下一半的薪資收入，直到 60 歲退休，期間共經歷 30 年。然後，你從 60 歲退休後開始動用這些積蓄，直到 90 歲去世，同樣是 30 年……。

也就是說,用 30 年的時間賺錢,然後存下一半做為後來的 30 年的退休養老時使用。這看起來好像完全沒問題,但大家別忘了,30 年前的平均月薪只有 5,000 元,你每個月存下一半也就只有 2,500 元,你難道要指望這 2,500 元在 30 年後的今天,來給你養老嗎?

60 年後的 2,500 塊錢,恐怕只夠買麵包……

中華民國於 1986 年 11 月 1 日,透過內政部依據《勞動基準法》施行勞工退休金制度,現在通常稱之為勞退舊制。

在當時,台灣的社會人口結構與如今完全不同,平均壽命的增加、人口增速的放緩、醫療費用的提高,都遠遠超出設計養老保險時的預期,即使在發展過程中不斷優化改善,也很難完全適應人口即將負增長的現狀。

養老不是風險，但就目前的情況來看，卻是一項巨大的挑戰。

今後隨著老年人口比例的不斷增加，未來的養老金是否還能滿足老人們的生活需求，尚且需要打一個問號。

工作的人　　　　　退休的人

提前消費和養老計畫的不夠完善，迫使在美國經常可以見到已經 60 歲甚至 70 歲的老年人，仍然每天開車奔赴工作崗位，退休之日可說遙遙無期。

因為一旦不工作，我就付不起當月的帳單了。

　　相信不會有人期望這樣的老年生活，我們在年輕的時候努力工作，就是希望享有一個輕鬆寬裕、健康舒適的晚年，可不是希望一輩子都在工作崗位上從早上 9 點忙到晚上 9 點。

　　存錢可能幫不了你，但儲存勞動力可以。

　　這就是資產配置的第二個目標，儲備當下的勞動力，等待日後年老體衰時，再讓它來幫你工作，讓你得以達到和年輕時工作一樣，甚至比工作時更優質的生活水準。

資產配置的目的 III — **戰勝通貨膨脹**

如果我問你：「100 塊錢的價值是多少？」你肯定會不屑地回答：

「100 塊錢當然是值 100 塊錢囉，還能值多少？」

既然 100 塊錢永遠值 100 塊錢，那為什麼人們總是會說：

「30 年前的 100 塊錢，可比現在的 100 塊錢值錢多了。」

這是因為貨幣的價值並不取決於它的面值，而是取決於它的購買力。

貨幣起源於人們在交換過程中產生的債務關係！假設張三手裡有一隻會下蛋的母雞，李四想用一條能躍龍門的錦鯉跟他交換……。

可是，李四當時尚未捕到這條錦鯉，於是他就請張三寫一張借據，承諾等他捕到錦鯉後，一定會交給他。

接著，張三看到王五手裡有一隻會學人說話的鸚鵡，於是他用李四寫給他的借據去換來了王五手中的鸚鵡。

而王五又用這張借據去換了一隻會數數的羊咩咩……

於是，這張借據變成了流通的憑證，開始具備貨幣的功能。可是這當中還是有風險，那就是萬一李四不履行承諾，怎麼辦？

李四是否履行承諾還屬未定之數，但人們相信政府通常都會履行承諾。

所以，貨幣本質上就是政府發行的憑證，一切仰賴於政府的信用。只不過，這憑證上寫的不是欠一條錦鯉，也不是欠一隻雞或一隻鸚鵡而已，它代表的是一個數字。至於這數字能夠換來什麼東西，就要看市場上流通著多少數量的憑證了。

增加市場中流通憑證的方法通常有兩種，一種是央行直接印刷發行，但這些印出來的錢並不是用直升機在整個國家內平均地撒下去。

它其實是用來購買金融資產，藉以提升資產價格，或是購買政府債券，再把這筆錢借給政府。政府再用這些錢來實行經濟計畫、購買商品和服務。

另一種就是透過商業銀行來放貸。

假設整個社會中有 750 萬元的貨幣，其中 500 萬元存在第一銀行中，張三向銀行申請貸款，銀行留下了 50 萬元的備用金，以備萬一有人來取款，然後將剩下的 450 萬元貸給了張三。

張三拿著這 450 萬元的貸款去買房，地產商從中賺到了 450 萬元，並且馬上把這 450 萬元存進第一銀行。此時，第一銀行一共擁有 950 萬元，而其中的 450 萬元是張三立下的借據，50 萬元是備用金，最後一筆 450 萬元則是新吸納的存款。

在新吸納的存款中，第一銀行又留下了 10% 做為預備金，將剩下的 405 萬元貸款給了李四，李四以此向王五進了一批布料，於是王五賺到了 405 萬元，並馬上把這 405 萬元存進了第一銀行。此時，第一銀行就有了 1,355 萬元。

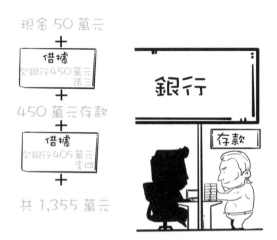

現金 50 萬元

＋

借據
欠銀行450萬元
張三

＋

450 萬元存款

＋

借據
欠銀行405萬元
李四

＋

共 1,355 萬元

　　銀行看似創造了貨幣，但此時若所有在銀行存錢的人都跑來取款，銀行一口氣能拿出這麼多錢來兌付給儲戶嗎？

　　答案當然是不可能。

　　銀行不停地向外貸款，自己家裡卻只剩下少得可憐的備用金。

誠如電視新聞裡經常說的 M2，也被稱為貨幣總計數（Monetary Aggregate），它包括了一切可能變成現實購買力的貨幣形式，這實際上早已超過央行發行的貨幣數量。市場上的東西需要人們花費時間和精力來製造，貨幣卻說增加就增加，那怎麼辦？

根據貨幣數量理論，在其他條件不變的情況下，物價水準的高低和貨幣價值的大小，由一國的貨幣數量決定。貨幣數量增加，物價隨之上漲，貨幣價值亦隨之下降。

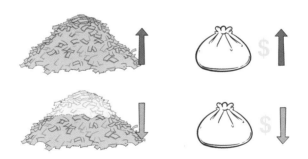

也就是說，在市場上商品總量不變的情況下，只要央行印鈔票，你的錢就會一路貶值；等銀行一放貸，你的錢又會繼續貶值。當然，市場上的商品總量也一直在增加，只不過貨幣增加的速度更快罷了。

不管是央行印出來的貨幣，還是銀行放出來的貸款，要嘛直接流入金融資產，要嘛透過政府推出基礎建設等需求流入金融資產，要嘛透過銀行貸款流入金融資產，反正總歸要透過金融資產帶動整個社會的貨幣流通。

大家只有透過資產配置買進優質資產，才能儘早接觸到這些增發貨幣，否則等這些新發行的貨幣在整個社會上攤勻時，你就只能默默承受物價上漲的憂傷。這張幾年前的圖片在網路上流傳甚廣，雖說未必有多少理論基礎可做為依據，但看起來依舊讓人感到觸目驚心。

通貨膨脹正在一點一點地吞噬你的錢—就在你不易察覺的角落。

千萬別把你的錢當成財富，它只是一個數字，其實際價值是它在某一時期的購買力。而這個購買力就像在一杯蜂蜜裡加水，只會被不斷地稀釋。

所以，資產配置的第三個目標，是讓財富跟上貨幣量增長的速度，分享經濟增長的利多；讓財富自我增長的速度超過通貨膨脹的速度，不至於被不斷增加的貨幣所稀釋。

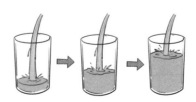

資產配置的目的IV —**實現財富自由**

查理·蒙格（Charles Thomas Munger）說：「當走到人生的某一個階段時，我決心要成為一個富有之人，這並不是因為愛錢的緣故，而是為了追求那種獨立自主的感覺，我喜歡能夠自由說出想法，而非受到他人意志左右的感覺。」

這段話大概說出了很多人的心聲，財富自由也一定是很多人的終極夢想，只不過—

一想到這便覺得理想太過遙遠，根本連想都不敢想……。

其實財富自由離我們一點也不遠，根本不需要一個天文數字的金額才能實現。簡單來說，當你不用工作就能滿足生活需求，或是你的資產能為你賺取到足夠生活開銷的錢時，你就已經實現所謂的財富自由了。

比如，你每個月的生活所需平均是 5 萬元，而你正好持有一個理財商品，能為你每個月提供 5 萬元的現金流，這不就是財富自由了嗎？你大可不上班，天天在家「躺平」了。

也就是說，當你的資產能幫你賺到和薪水一樣多的金錢時，你就能實現財富自由了。只是這需要多少資產呢？

假設你每個月的薪水是 25,000 元，對自己資產配置的規劃是年收益率達到 10%，那你就需要 300 萬元的資產。和你想像中的完全不同，對嗎？簡單到有點不敢相信，對嗎？

比買房子的頭期款還少的金額，你就可以不用依賴工作和薪水，也能保證生活所需，這就是我們前面說過的，資產配置的第一個目標，不工作也能賺錢。

當然，你肯定覺得只能賺到薪水，根本遠遠不夠。

畢竟誰工作的目的只是為了 5 萬塊錢啊？是為了升職加薪，邁向人生巔峰，好嗎！

這也很簡單，你只需要再等上幾年，如果你不是一定要馬上辭職退休，那幾年之後，資產的自我成長也可以讓你實現加薪夢想，而且可能比你加班工作的速度還要快。

我在此依然假設，你的月薪是 25,000 元，並且還有 300 萬元的資產能為你提供每個月 25,000 元的現金流，第一個月你只花掉薪水，然後將剩下的 25,000 元繼續用來做資產配置。

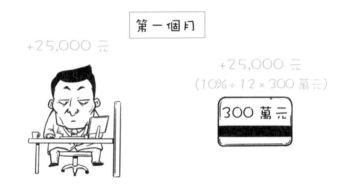

於是，你的資產在第二個月就變成了 3,025,000 元，能得到的現金流也變成 20,205 元。20,205 元或許看起來很不起眼，所以你在第二個月時依舊還是只把 25,000 元的薪水花掉，將透過配置賺來的 20,205 元繼續用在資產配置上。

1 年之後，你每個月能得到的現金流變成多少錢呢？
答案是 27,615 元。

10 年之後呢？答案是 67,675 元。

20 年之後呢？答案 183,200 元！

30 年之後呢？答案 495,930 元！

第十二個月

+25,000 元

+27,615 元
(10% ÷ 12 × 302.5 萬元)

331.5 萬元

第十年

+25,000 元

+67,675 元
(10% ÷ 12 × 302.5 萬元)

812 萬元

第二十年

+25,000 元

+183,200 元
(10% ÷ 12 × 302.5 萬元)

21,985,000
萬元

+25,000 元

+495,930 元
(10%÷12×302.5 萬元)

59,510,000
萬元

這還只是你能得到的現金流，而你的資產呢？

它在第十年的時候已經變成 812 萬元，在第二十年的時候變成了 21,985,000 元，在第三十年的時候變成了 59,510,000 元。

你早已不需要依靠工作來養活自己，隨時都可以花掉每個月得到的一部分現金流，只要不是全部花完，你的資產雪球仍然會越滾越大。

花掉的越少，雪球就滾得越快。

不過當這個雪球對你而言已經夠大時，你也不必太在意它的數額，畢竟資產配置的根本目的是為了追求更美好的生活，在消費和滾雪球之間找到可持續發展的平衡點就好。

從某種意義上來說，用不了十年，你根本不必依賴工作就能悠閒地過日子，而接下來的第二個問題—養老，自然也隨之迎刃而解。

因為你的資產不僅不會衰老，還會越來越強壯，幫你工作一輩子。

第三個問題—通貨膨脹，也已在我們的掌握中，這就是為什麼我們把年化報酬率規劃為 10% 的原因。

年化報酬率   通貨膨脹率
10%   >   5%

這樣一來，資產配置的第四個目標—財富自由，隨著時間的推進，也是早晚都會實現的理想。

當然，上述的所有數字只是一個簡單的例子，具體到屬於你自己的目標金額，我們還要一起來詳細規劃。如何儲備一筆定額的初始資產，如何達到理想的年化報酬率，我將在後面的內容中詳細討論。資產配置的四個目標，其實就是現代人在生活中都會遇到的財富困境，所以一般平民百姓比有錢人更需要資產配置，幫助自己解決問題、走出困境。尤其是財富自由這個終極目標，普通人大概只能靠資產配置來實現了。

不管你是想不缺錢花、不用工作，還是想從容生活、自在養老，總之，在第一章結束的時候，希望你已經想好了自己為什麼要做資產配置這個問題。

能用錢解決的都不是事！

或者你也可以想一想，為什麼不去做資產配置？

反正我是想不到有什麼理由不去做，如果你想到了，請記得一定要告訴我。

現代人最適用的
配置資產，是什麼？

2.1

金融商品的「使用說明書」

　　看到這裡，相信你已經想好自己為什麼要做資產配置，並且決定要好好規劃一下自己的資產該如何配置了。那麼現在我們就需要先認識一些金融商品，讓它們來幫助你成功達標。

　　不過在認識這些工具之前，還需要先瞭解一下使用這些金融商品的基本原則。

倖存者偏差 [1]

　　在人們的印象中，海豚是一種非常溫順友好的動物，會將落水的人托舉到岸邊，並且護送他們上岸。

　　但事實上，海豚也會攻擊人類，甚至將落水的人拖到海底。

假設在 10 個落水的人當中，有 9 個人被海豚拖到海底淹死，只有 1 個人被海豚救上岸，且我們無法得知那 9 個人是如何被淹死的，只知道唯一的倖存者是因為得到海豚的幫助，於是便認為海豚是人類的好朋友。

這就是倖存者偏差，當取得資訊的管道僅來自倖存者時，該資訊可能會與實際情況存在偏差。

投資理財也是如此，賺到錢的投資人往往會得意地炫耀：

買股票賺錢也沒那麼困難嘛！我才隨便買一買就賺了 10%。

反而是虧錢的人往往傾向於閉口不說話。

　　即使是同一個人，他也會在自己賺錢時「人生得意時話很多」，反而在自己虧錢時相信「沉默是金」。

　　如果你只聽到倖存者的片面之詞，那麼得到的自然就是單方面的說法，認為投資某種金融商品確實很容易賺錢，但孰不知你只有真正跨進這個領域才會發現，事實可能並非如此，甚至完全相反。

誰說買股票賺錢很容易？我5年的薪水全都沒了！

　　我們在前面的內容中已經說過，決定做資產配置的原因，絕不能是因為羨慕老王賺了多少錢，畢竟他可能不會讓你知道，自己也曾虧錢……。

　　換言之，在制訂資產配置計畫以及選擇金融商品的過程中，我們更應該向失敗者學習。

成功投資第一步，
別盲目聽信旁人的
一面之詞。

關注可能造成失敗的原因，並請儘量規避，而非只看到成功的案例，就盲目相信自己也幸運地找到發財的竅門。

認識自己

在投資理財過程中，我們需要更加關注失敗的風險，這當中還有一個重要的原因，那就是在投資某種金融商品之前，我們應該先思考自己是否能避免失敗、接受失敗，以及能夠接受到何種程度的失敗。

剛開始學投資，哪有不虧錢的？就充當是交學費好了，但我願意繳納的學費僅限於現有資產的 10%！

「失敗」這個詞用在這裡並不是特別準確，更確切的說法應該是「一段時間內的虧損」。然而，很多人並不知道自己的虧損是暫時的，還是永久性的？更不知道自己虧損的只是帳戶上的數字，還是真實的資產？於是，只能把所有的虧損都定義為失敗。

在你想把錢投入某個領域之前，通常會收到一份調查或問卷，這是銀行業務們用來測試你對投資風險的承受能力。

投資者針對風險承受能力的市調問卷

1. 您的年齡是（ ）
A. 高於 60 歲（1 分）
B. 51 ～ 60 歲（2 分）
C. 31 ～ 50 歲（3 分）
D. 18 ～ 30 歲（4 分）

2. 您家庭的收入穩定狀況：（ ）
A. 家庭收入不穩定，日常開支有賴於各項不穩定收入（1 分）
B. 收入穩定，足以支應日常開支（2 分）

我見過不少投資者，在填寫這份調查問卷時總是信誓旦旦地認為，自己能夠承受較大程度的風險，絕對是一名成熟且合格的投資人。

看我表情就知道，甚麼叫做「泰山崩於前而面不改色」。

但是當風險真正來臨時，這些人往往瞬間就崩潰，彷彿天塌下來了一樣。

或者說，不管風險是否來臨，只要把錢從口袋裡掏出來，這無異就是把自己的心也綁在上面了，大家恨不得一天 24 小時全程盯著它的漲幅，只要上漲就彷彿擁有全世界，但是若不幸下跌時，這時就才恍然大悟，明白一切原來只是「路過的風景」。

我們必須知道自己可能沒有想像中那般強大，尤其是在面對要賭真金、白銀的時刻……。畢竟能夠承擔多少風險並非最重要的，關鍵點在於你必須瞭解自己的真實感受，並且忠於這份感受。

不要覺得必須承受相當大的風險才算投資，更不要怕被別人嘲笑自己虧不起，即使是極度厭惡風險的投資者，也能在資產配置這件事上走出自己的路，也只有遵從自己內心進而走出的這條路，才是確保日後越走越寬的長遠之路。

你應該選擇風險在你承受能力範圍內的金融商品，進而掌握並控制它，而非是讓商品本身來控制你。

小心使用槓桿

在投資過程中使用槓桿，這真是一個見仁見智的問題，因為它同時兼具極大的威力與極強的破壞性。

假設，你手邊有 1 萬元，並且透過投資使其漲了 1 倍，也就是賺了 1 萬元，所以你目前的總資產變成了 2 萬元。

再假設，你手邊有 1 萬元，然後再向朋友借 4 萬元，並且透過投資讓它們也漲了 1 倍，那就是賺了 5 萬元，總資產瞬間變成 10 萬元，你即使把借款還掉，也還剩下 6 萬元。

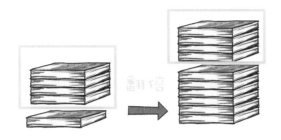

我們接著再假設，如果你不先還掉借貸，而是讓資產繼續翻倍，資產就變成為 20 萬元，還掉借款後依然還有 16 萬元之多。想不到 1 萬元翻兩個跟鬥竟然能放大 16 倍，這就是槓桿的巨大威力，同時也是槓桿的巨大誘惑。

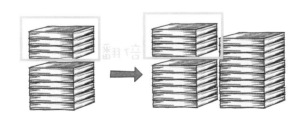

在不使用槓桿的情況下，1 萬元費勁地翻兩個跟斗，也只能變成 4 萬元，還不到使用槓桿後的利潤的一個零頭。

同樣地，假設你有 1 萬元，在投資的過程中虧損 20%，也就是虧了 2,000 元，這個結局應該還算可以接受，畢竟等一等也有漲回來的可能性。

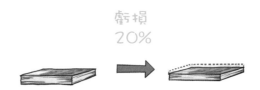

但是這時若加上你向朋友借來的 4 萬元，整個投資虧損了 20%，也就是虧掉了 1 萬元，這等於是連你自己原本的資產都全部虧光光了。

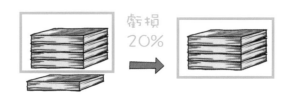

此時，如果你的朋友擔心你把他的錢也虧掉，希望你馬上還錢，你這時就連等待回暖的機會都沒有，資產直接被清零……。

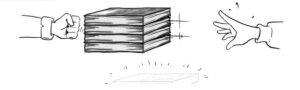

好吧！欠債還錢，平倉！

別這樣啊！我才虧了 20%，我相信後面會漲回來的！

　　確實有很多專業投資人和機構，都會在投資過程中運用槓桿原理來用錢生錢，但這對一般投資大眾來說，我建議還是少碰為妙，畢竟這其中的風險確實大到可以一擊致命。

　　有些金融商品自帶槓桿，使用時就需要更加小心，比如只需繳納一定額度的保證金，你就可以自由進出的期貨市場，它就是運用最高可達 10 倍甚至幾十倍的槓桿而來的商品。

　　只不過，一般投資大眾倒是可以利用一種特殊形式的槓桿來投資，那就是──

假設你用 500 萬元做為頭期款，買了一套價值 1,500 萬元的房產，那這 1,000 萬元的銀行貸款就算是一種槓桿。

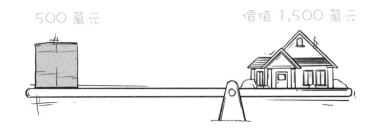

500 萬元　　　　　價值 1,500 萬元

當房子漲價 30% 時，房屋總值變成 1,950 萬元，也就是說，你原本 500 萬元的資產在扣除貸款後變成 950 萬元，資產現值差一點就翻倍漲了……，當然，真實的收益還要去掉貸款利息才算數。

上漲 30%

1,500 萬元 × (1 ÷ 30%) = 1,950 萬元
1,950 萬元 － 1,000 萬元 (貸款) = 950 萬元

貸款利率在設置時，多半已考慮到通貨膨脹，所以看似高得驚人的利息總額並不只是利息，我們還要考慮未來幾十年的通貨膨脹可能帶來的影響。如果你現在覺得，每個月要償還 25,000 元的房貸略感壓力，那 10 年之後你可能會覺得——

25,000 元根本
不是問題！

房貸的槓桿不僅幫你拉低了這個投資領域的門檻，更幫你提高了報酬率，甚至還能幫你抵禦一部分通貨膨脹。

即使你有足夠的現金全款買房，但我建議最好也不要這樣做，因為這就是白白放棄了利用槓桿的大好機會。你依然可用 500 萬元來當做頭期款，並向銀行貸款 1,000 萬元，然後將原有的 1,000 萬元現金拿來做資產配置。

只要資產配置的報酬率高於貸款利率，並有足夠的現金流按時償還貸款，這就算是成功利用了槓桿來投資，加上這個槓桿的風險相對可控，對於一般投資大眾來說非常友好。

購房貸款是難得的長期、低息且大額的貸款，所以請不要再問，要不要提前還貸款了！

降低費率

當人們討論一種金融商品時，最關心的肯定是它的收益情況，這無可厚非，可問題是多數人都會忽略「費率」這一環。

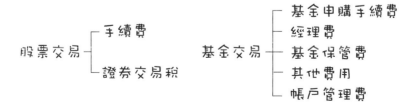

千萬不要小看這些費用，更不要覺得這些只是小錢而已。在進行資產配置的初期，我們要省下每一塊錢，生活中尚且能省則省，更何況是一些本可避免的費用。即使在資產配置的中、後期，生活條件變寬裕了，但這也不代表可以隨便放棄在資產配置中本應獲得的收益。大家若是沒有仔細核算，你可能想像不到這些費率會蠶食掉你多少收益，甚至是本金……。

想要盡可能地節省費率，其實也很簡單，你只需要注意以下兩點。

第一．選擇交易費率更低的金融商品或通路來購買。
第二．想清楚了再下手．盡量降低交易頻率。

「複利」的奇蹟

在一個池塘裡，一開始只有一片荷葉，但它的生長速度異常快速，每天數量都能翻倍。於是，第二天時1片變2片，第三天時2片變4片，第四天時4片變8片……到最後只用了30天就長滿了整個池塘……。

第一天　　　　　第二天　　　　　第三天

第三十天

那麼問題來了：當荷葉長滿一半池塘的時候，時間來到第幾天？

第二十九天

答案是第二十九天，而這就是「蓮花效應」（Lotus Effect），也稱作荷葉效應，它揭示了一條人生發展的道理—複利。

關於複利的一種演算法，不知道你是否聽過，比如每天努力 0.01，一年就能成長 37.8 倍；每天偷懶 0.01，一年後就只剩下 0.025。

$$1.01^{365}=37.8$$
$$0.99^{365}=0.025$$

如果你更勤奮，每天努力 0.02，一年後就變成 1377.4；每天偷懶 0.02，一年後就只剩下 0.0006，這幾乎已經可以忽略不計，大約等於是零了。

$$1.02^{365}=1377.4$$
$$0.98^{365}=0.006$$

聽起來是不是感覺熱血沸騰，打算從現在起就把今天的 0.01 補上？可惜的是，實際上的複利可沒那麼簡單。

$$複利 = 本金 \times (1 + 報酬率) = 時間$$

在這個公式裡，本金是基礎，假設你投資了 1 塊錢，每天增長 1%，一年後獲得了 37.8 倍的收益，也就是 37.8 元，這有什麼意義？但是，如果你投資的是 10 萬元甚至是 100 萬元，那結果可就完全不一樣了。

報酬率是你每天努力的水準。1% 和 2% 看起來只是 0.01 的細微差距，但持續一年下來可就是 37.8 倍和 1377.4 倍的差距。只不過，報酬率不能只求高，更要持續才行。否則即使今年賺了 1,000%，明年只要虧損 100%，照樣——

報酬率太高不僅風險大也很難持續，報酬率太低不僅跑不贏通貨膨脹，也沒辦法滿足我們的要求。

一般人習慣將投資報酬率設定在 7% 上下，這應該算是比較符合大眾期待也合理的數字，只不過它到底適不適合你，你可以晚一點再下決定。

時間是酵母，但複利可不是阿拉丁神燈，它其實是滾雪球；時間就是雪球滾下的山坡，坡道越長，雪球就能越滾越大；距離太短的坡道，即使有再厚的雪，往往也滾不出巨大的雪球……。

巴菲特 60 歲之前，只賺到總財富的 1%，剩下的99%，都是在 60 歲之後賺到的。請相信你的資產也是如此，只需耐心和時間加持即可。

巴菲特的資產淨值

K= 千美元
M= 百萬美元
B=10 億美元

| | | | | | | | | | | | | | | | | | | | | | 17B | 36B | 58.5B |

| 5K | 6K | 10K | 20K | 140K | 1M | 1.4M | 2.4M | 3.4M | 7M | 8M | 10M | 25M | 34M | 19M | 67M | 376M | 620M | 1.4B | 2.3B | 3.8B | | | |
| 14 | 15 | 19 | 21 | 26 | 30 | 32 | 33 | 34 | 35 | 36 | 37 | 39 | 43 | 44 | 47 | 52 | 53 | 56 | 58 | 59 | 66 | 72 | 83 |

巴菲特的年齡

　　複利曲線的前期確實平淡無奇，可一旦來到了轉折點，它就會像荷葉一樣，一夜之間鋪滿池塘……。當然，前提是你必要熬過前面的 29 天才行。

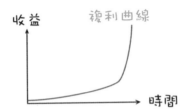

　　資產配置是一個緩慢變富有的過程，一步一腳印，絕對急不得。但其實不僅是在投資這個領域，複利在任何方面都真實存在，妥善利用複利，你肯定可以做好任何事情。

參與「正和遊戲」

　　有兩個賭徒在賭桌上對賭，不管誰贏了，賭場都會收取一定的手續費，整個晚上賭下來，兩個人有輸有贏，但口袋裡的錢卻都花光光了。

　　這就是「零和遊戲」（Zero-sum Game）[2]，所有參與人的利益總和會減少。像是賭博、打麻將等就是典型的零和遊戲（假設沒有旁人抽頭吃紅），因為贏家所拿的錢，其實就是輸家所輸掉的。

　　我們把贏家所贏的錢，和輸家所輸的錢正負相抵，結果永遠是零，所以稱為「零和遊戲」。

5 元手續費

+45 元（賺 45 元）　　　-50 元（虧 50 元）

賺的 + 虧的 ＜〇

　　四個人在家裡打麻將，有人輸了多少錢，就一定有人贏了多少錢，大家打了一整個晚上，錢不停地從一個口袋來到另一個口袋，這就是「零和遊戲」：所有參與人的利益總和不變，只是幾家歡喜幾家愁。

+150 元

-50 元　　　　　　-50 元

-50 元

賺的 + 虧的 ＝ 〇

　　一場馬拉松比賽，只要報名就可以拿到紀念品，如果進入前三名還能拿到獎金，這就是「零和遊戲」：所有參與者的利益總和會增加。

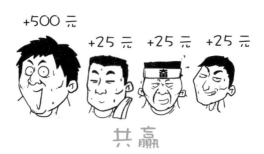

　　從統計學的角度來說，一件事情的機率只要不是零，它就一定會發生，只是時間早晚的問題。長時間參加負和遊戲的結果肯定是利益減少，長時間參加零和遊戲的結果，往往就是白忙一場。

　　只有參與「正和遊戲」的長期結果才是利益增長，所以一定要善用這個理論來做資產配置。公司可以及時運用大眾資金於生產，不用耗時多年，單靠企業經營慢慢累積資本；投資人則是專心投資，耐心地等待投資收益，不用自己開一家公司或工廠。在這個正和遊戲當中，我們做為投資人，重要的是用心挑選好公司，那些認真經營獲利良好的公司。其次就是判斷投資價位和報酬率的關係，如此而已。

　　而當一個正和遊戲形成之後，就會年復一年地產生報酬並且再投入，成為良性循環。接著經由複利的力量，十年、八年之後，自然成果豐碩。

---

1. 倖存者偏差（survivorship bias）或稱倖存者偏誤、生存者偏差，是一種邏輯上的謬誤，屬於選擇偏差的一種。意指當我們過度關注「倖存」的人事物時，反而容易忽略那些並未倖存的（也可能是尚未觀察到）人事物，進而得出一個錯誤的結論。（資料來源：維基百科）
2. 零和賽局（Zero-sum Game），又稱零和遊戲或零和博弈，這個概念最早是在賽局理論（Game Theory）上發展，源於數學的博弈論（Game Theory）概念，主要指雙方博弈時，一方的得益必然會造成另一方的損失，因而雙方對峙結果的總和永遠等如零。 經常使用在賭博、期貨和選舉等行為上做為例子。（資料來源：維基百科）

股票：做一名「價值」投資者

經常看到有些學者提出一些觀點，說道：

投資行家　　機構

股市是負和遊戲，因為
在這個遊戲中，你的對
手可能是投資行家或法
人機構，這些人隨時都
在等著收割你。

　　所以，投資股市的收益中，有一部分確實是靠博弈獲得
的，如果你沒有信心戰勝這些對手，那就不要參與股市的遊
戲。但在我看來，股票市場可是很好的正和遊戲，更是資產
配置裡不可或缺的一項工具。

　　縱觀整個人類發展的歷史，最大的正和遊戲就是社會的
發展和科技的進步，經濟雖在週期作用下持續波動，勞動生
產率卻始終一路向上，永不停歇。你只要出生在這個時代，
就能獲得超越古人的生活水準。在交通、醫療以及絕大部分
休閒娛樂上，甚至連古代的皇帝都比不上你來得享受。

快！把這玩意兒給朕玩玩！

……

東漢時期的皇帝，平均壽命僅有 26.71 歲，發展到了一千多年後得明朝，皇帝的平均壽命好不容易延長到 42 歲。而台灣截至 112 年，人民平均壽命則來到 78.94 歲。只用了不到一百年的時間，社會發展已經進入增速階段，未來的生活水準確實還有著無法想像的進步空間。

不知道你是否想過，經濟發展和科技進步將會如何改變我們的生活型態？科學家研發出來的新技術，又是如何被應用在人們的生活當中？

我在十年前根本想不到，我竟會有穿上這身衣服的一天……

這些變化，很多都是由股票市場裡的上市公司推動的，這讓我們可花一點電費就能享受各種家電的服務，足不出戶就能逛街購物，從南到北坐高鐵只需二小時不到的時間，甚至隨時隨地可與朋友透過手機視訊聊天、玩線上遊戲。

　　這些上市公司提供服務、研發產品、創造業績、帶動經濟，使得現代社會中的每個人都離不開它們。但如果你只想成為它們的顧客，那你可就虧大了，因為你明明可以成為它們的股東，藉此分享它們創造的價值。

買股票＝買公司＝成為股東

　　比如，看到知名麻辣鍋店天天有人排隊等著光顧，你會想：

可是再一想，自己開一家也不一定能成功，而且成本太高，現在的本金也不夠啊！所以，你決定：

算了，還是買它的股票比較實際！

為什麼要買這家麻辣鍋店的股票呢？

首先當然是因為它賺錢，其次則是因為它可以越賺越多，最後才是因為它可以跟著經濟發展賺錢。隔壁豬肉攤的肉價漲到公斤 20 塊錢，你也不用非要委屈自己賣 19 塊錢，不是嘛？

就憑我這點競爭力，東西賣貴一點都能賺錢！

緊跟著經濟發展快速前進的企業，最典型的就是貴州茅台酒，每過幾年，茅台酒的出廠價格就會往上升一點，但酒都是一樣的，利潤卻能跟著經濟走，企業獲利自然會變多，而獲利一多股價就漲，真可說是點石成金的績優股啊！

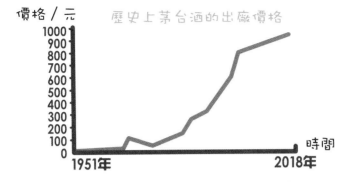

歷史上茅台酒的出廠價格

價格／元

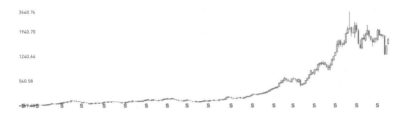

貴州茅台酒股價走勢

備註：海底撈和貴州茅台酒僅做為舉例說明，不構成投資建議。

不像石油，價格總是跟著世界局勢走，這肯定是跟不上
經濟發展的。

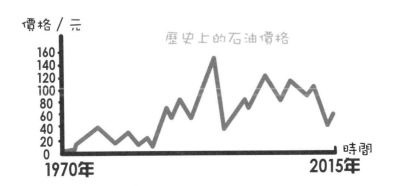

歷史上的石油價格

價格／元

　　人類近百年來所創造的財富，遠遠超越以往人類所能創造的財富總和。在這個正和遊戲中，你不需要打敗任何人，只需要堅定地與企業、經濟發展、國家政策一起成長。

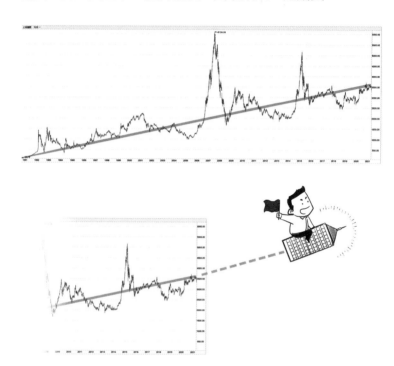

　　但是，這些年隨著股市蒸蒸日上，很多散戶卻反而虧得一塌糊塗。這並不是股市的問題，而是投資人心態與做法出現問題，其根源就是──

炒作股票

　　一個「炒」字將股民們的賭博心態，描述得淋漓盡致。

大多數投資人只會盯著股價的起伏走，反而忽略了在價格背後，由公司創造出來的價值。

即便每天盯著股價，這些投資人其實也對這個價格沒什麼概念，而這就造成了一種奇怪的現象：人們去超市買東西，往往喜歡搶購打折商品，但在買股票時，竟然又對打折款望之怯步，反而轉去追逐那些價格已被哄抬墊高的股票。

原因即在於，當一瓶可樂常年售價是 15 塊錢時，人們就會認為它只值 15 塊錢。

　　這時若能只用 10 塊錢買到，那大家就會感覺自己賺到了。

　　股票其實也是如此，它們自有自己的價值。而股票的價值取決於企業的獲利能力，只不過它的價格會根據市場需求量而出現即時的變動，買進的人變多，這檔股票就會漲價，反之則跌價。

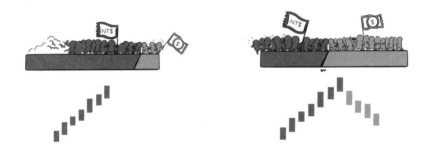

　　這就讓人們無法像錨定可樂的價值一樣，去錨定股票的價值。無法確定價值，自然就無法出價，投資人只能把股市當成賭場，一心只想著賺個波動的價差即可，活生生地把「正和遊戲」玩成了「負和遊戲」。

那怎樣才是這個「正和遊戲」的正確玩法呢？

把買股票看成是投資公司，當你想投資一家公司時，通常最關心的一定不是價格，而是獲利模式、管理團隊、財務狀況、發展潛力等因素。你會在盡可能全面瞭解這家公司後，才會決定是否要注資購買它的股票。

同樣地，在買股票之前，大家也要認真研究企業的基本面，多方思考企業的價值，並在價值分析的基礎上，等待股價便宜時再出手，進而逐步地在你的能力範圍內選出 5 至 8 檔股票，組建成為你資產配置中的進攻主力。而不是昨天聽說哪一檔股票不錯，今天又看到這檔股票大漲，後天再去傻傻地賣掉最近一直在跌的……。頻繁出手卻不知自己買進的到底是什麼？最終只能成為市場中等待被割的「韭菜」。

　　總之，大家要尋找有價值的公司，不要糾結在一時的週期性漲跌，相信國家經濟的未來並與時間為友，充分利用複利來創造奇蹟。

　　如此一來，股票甚至可說是一種長期收益風險比最高的投資品種，也就是說，長期來看，股市的風險不大但收益較高。

　　不知道為什麼，總有人覺得外國的月亮比較圓，外國的資本市場能賺錢。

　　美國的資本市場確實比較成熟，但也正因為成熟，未來的成長空間似乎並不如其他開發中國家。

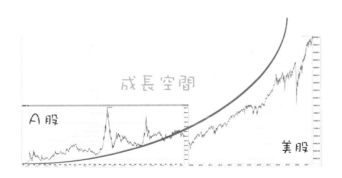

此外，美股裡的機構投資者占多數，與散戶相比，他們通常更擅於發掘價值，這就迫使散戶很難在美股裡撿到被埋藏的珍珠。與美股不同，A 股的機構投資者僅占 10% ～ 15%，大部分散戶容易被情緒左右，當市場的整體情緒處於恐慌時，這就給了價值投資者「撿便宜」的好機會。

不可否認的是，美股市場中的科技類股，仍是全球上市企業的領先者，美股也仍是進行海外投資時的首選。只是在資產配置的初期，建議大家應當控制海外市場的倉位，先在自己更熟悉的國內市場打好基礎才是。

隨著資產增加以及投資經驗的日益豐富，我們可以合理分配國內與國外、發達與發展中國家的倉位，減少投資的相關性，以全球化的資產配置來分散風險，例如某些發展中國家的經濟增速，甚至能為你帶來意外之喜也說不定。

別著急，國外資本市場的大門隨時為你敞開。

基金：搭上經濟順風車

如果你實在沒時間學習投資、研究企業發展，或對股市根本就是心存畏懼，那麼還有一個辦法可以幫助你分享社會經濟的發展成果。

只要善用這個方法，效果可能比自己辛苦投資股市還要好。

買股票、基金

買基金相當於選擇一位基金經理人人來幫你「炒股」，這位基金經理人人背後有著強大的研究團隊，組員能力強，資訊也比你知道的更多，甚至手裡還握著大量資金，擁有足夠的博弈資本。相比於你自己去炒股，買基金可說是幫你省下了大筆時間和精力。

聽起來好像一切都很美好，除了結果……。基金經理人人其實有個大問題，那就是對於某些基金經理人人，你以為他是在幫你賺錢，但實繫上他只想賺你的錢。

尤其是主動型公募基金經理人人，其收入壓根和業績沒什麼關係，賺的都是資產管理規模的錢，所以他們有目的，而且只有一個：

把基金規模做大！

為了這個目的，很多基金經理人的經營風格十分激進，就是只想博一博，雖說腳踏車不一定要變重機，但就是有可能因此衝上基金排績效行榜。

只要抓住機會，業績能擠進排行榜，那就能吸引足夠的資金進來……。

之後，只需要保守操作，期間並無重大疏失，往往就可以交差。至於你的收益，完全不在他的考慮範圍內。

　　私募基金則稍微好一點，至少基金經理人的收入與業績相關，他們為了吸引資金進駐，往往也是絞盡腦汁。但這款基金的品質參差不齊，其中的坑可不比月球表面少喔！

　　想在這些坑裡選對基金，難度遠比選股票還要大。所以，一般投資人直接選擇被動型基金才是上策。

　　被動型基金也叫指數型基金，每檔基金背後都有一個做為特定標的物的指數。指數型基金會根據指數裡的成分股和權重建立持倉，儘量複製指數的漲跌。

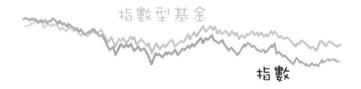

　　指數型基金的成分股基本在 50 至 1,000 檔以內，也就是說，一檔指數型基金要持倉如此多檔股票，投資足夠分散且自帶資產配置功能。如果你自己操作，每天光是瀏覽一遍這些成分股，時間根本就不夠用了啊！

指數型基金的優勢
1. 自帶資產配置功能

與全靠基金經理人來操作的模式很不一樣，指數型基金只是被動跟蹤指數，不求超越市場，只求取得市場的平均成績，因此對基金經理人來說可謂要求不高，加上市場競爭激烈，有些指數型基金長期持有的費率，甚至低到可以省略不計入。

指數型基金的優勢
1. 自帶資產配置功能
2. 費率低

「指數」存在的本意就是為了讓大家能夠更直接地看清經濟走勢，指數也都會選擇市場中，最具代表性的公司做為成分股。因此，買入指數型基金，就是買入一堆優秀公司的組合，就是買入一國的的經濟前景。

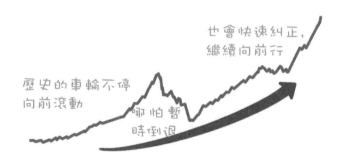

按照上述圖表的趨勢，指數自然也會隨著人類的發展，越漲越高。

指數型基金的優勢
1. 自帶資產配置功能
2. 費率低
3. 一勞永逸

基金這項金融商品，最佳選項僅有一個：那就是指數型基金。畢竟沒有人能夠長期戰勝市場，我們也不需要長期戰勝市場，只要記得和市場站在一起，結果肯定也不錯。

2.4

貨幣 VS. 債券：
「平衡風險」是首要之務

　　資產配置是平衡風險與收益的蹺蹺板，現在蹺蹺板上已有了風險和波動較大的股票，自然就需要穩定一點的工具來平衡，比如貨幣和債券。

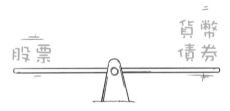

　　投資貨幣市場，我們差不多可將之理解為投資錢，比如——

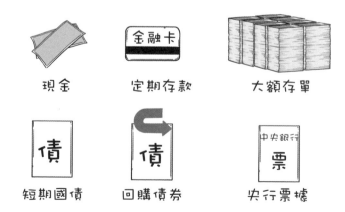

不用說也知道，用錢投資錢，這只能做為儲蓄的替代品，若一心指望它賺錢，那你可能就想太多了。

貨幣市場也有基金，貨幣型基金便是常見的商品之一。而基金經理人之所以敢讓你把餘額放進去，無疑就是瞄準了其風險極低、起點更低、流動性強的特點。

貨幣型基金
・風險極低
・起點更低
・流通性強

雖然收益可謂聊勝於無，但好在可以隨取隨用，而且完全沒有手續費，很適合生活備用金的短期投資。故而投資債券市場，應該很能滿足當債主的樂趣──

欠債還錢！
天經地義！

不過當債主的人，一怕對方欠錢不還，二怕市場利率上漲。把錢借給國家或大型銀行，對方不還錢的風險較小，但若把錢借給其他企業，那勢必就會存在著一定的違約風險。

沒錢！

所以，大家要儘量選擇由國家發行或有政府背書的利率債 1，謹慎選擇風險更大的信用債 2，即使信用債往往會給出更高的利率來做為風險補償，也須謹慎小心看待。

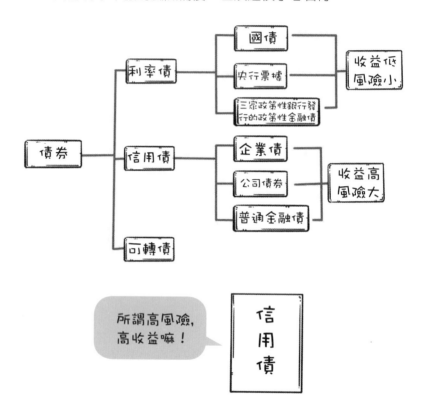

利率債中的國債，又被稱為「金邊債券」3，信譽好且利率較優。10 年期國債的利率通常被看做是市場無風險報酬率，也就是投資的底線，如果投資其他債權的報酬率無法達道標準，那還不如買國債。

10 年期國債利率也能當做債券市場的指標，利率上漲即意味著債券價格下跌，反之亦然。

在此舉個例子，假設你買了 1 萬元的 2 年期債券。

1 萬元

第二年由於市場上的流動資金減少，借錢更難，利率上漲到 4%。此時你若想賣掉債券，只能忍痛降價。

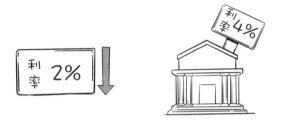

這就是債券中的利率風險，債券的剩餘期限、票面利率、利息支付方式、市場利率都會影響利率風險，而綜合上述四個因素，便產生了一個利率風險綜合指標─債券存續期間（Bond Duration）。

這是通過利用折現後的債券現金流的加權平均來計算的債券到期時間。通過債券存續期，間可以評估一個債券的本金和利息所有收益的回款時間，也可以評估債券價格對報酬率的波動 [4]。

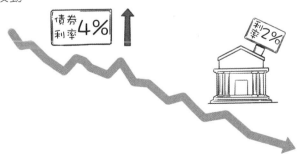

債券存續期間越短，債券對利率的敏感性就越低，波動越小，風險也越小，報酬率往往也跟著越低，更適合討厭風險的投資者。在預期收益下行時，適合選擇債券存續期間較長的品種，以待能在未來市場變化時，獲得更高的收益。

債券型基金[5] 也被叫作固定收益基金，收益穩定，管理起來也不復雜，各項管理費用不高，很適合以存款為目的，只追求穩定的投資者。

平安就是福，我還是比較適合債券型基金！

總體來看，除去個別比較慘的年頭和個別比較差的基金，大部分債券型基金都能獲得正收益，其中還有 2 / 3 能打敗定存。盲選的話，大概率能中個三等獎，獲得 4% 的平均收益，萬一不小心中了一等獎，甚至可以獲得超過 9% 的收益。

　　近幾年，國內的債券指數基金發展突飛猛進，相比於主動管理型的債券型基金，費率更低、收益更穩定、投資策略更清晰，這也是個不錯的選擇。

1. 利率債（Rate Securities）利率債是指根據債券利率在償還期的，風險很低的金融債、國債、地方政府債券、政策性金融債和央行票據。
2. 信用債是指在沒有抵押品，並完全只靠公司的良好信譽所發行之債券。
3. 泛指所有中央政府發行的國債，1693 年英國政府經議會批准、開始發行政府公債，信譽度很高。由於當時發行的公債帶有金黃色邊，故稱為「金邊債券」。後來、金邊債券在美國，經權威性資信評級機構評定為最高資信等級（標準普爾與惠譽為 AAA 級，穆迪是 Aaa）的債券，也稱「金邊債券」。（資料來源：維基百科）
4. 存續期間的基本形式為「參考利存續期間」，由加拿大經濟學家弗裡德里克‧羅伯特森‧參考利（Frederick Robertson Macaulay）於 1938 年提出。（資料來源：維基百科）
5. 以債券為主要投資標的的共同基金，大多數以開放式基金形態發行，可視為多種債券的投資組合。相對於股票基金來說，收益穩定、風險較小，甚至比銀行存款更高。不過由於債券投資管理簡單，基金管理費相對低廉。（資料來源：維基百科）

2.5

保險：堅若磐石的防禦高牆

資產配置一旦展開，就要按照計畫、有條不紊地進行，如果一生病或遭遇意外就要回籠資金，甚至賣掉資產、變現救急，那你的資產配置計畫就會非常脆弱，就算報酬率再高也沒意義。

趕快幫我把股票、基金都賣了，否則沒錢繳住院費了。

所以，我們非常需要一個工具，用以抵禦現實生活中的各種風險。

保險

人類由於始終在面臨天災人禍的侵擾，於是萌生了風險共擔的思想和原始形態的保險方法，早在《漢摩拉比法典》（Code de Hammurabi）中，就已明確規定運貨商隊要共同分攤途中的貨物損失。

　　現代保險的本質也是如此，大家繳納保費並將資金放在一個池子裡，在生活中遭遇災害或意外的人，即可從這個池子裡領取一些錢來應對困難。

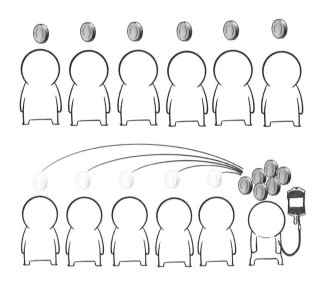

　　至於保費的計算原則，也與發生該項災害或意外的機率，關係密切。

　　目前市面上的保險商品，種類五花八門，市場相對混亂，部分保險業務員因為不負責、不專業，更是一度將人們對保險商品的信任度，推至谷底……。

之前說這也能報銷、那也能報銷，一旦真出事了，全都變成這也不行、那也不行……

保險的本意當然是好的，也是資產配置中不可或缺的重要環節，但我們要知道，它保護的不是你本身，而是你的資產。所以，規劃保險的原則應該是，在發生災害或意外時，不必動用自己的資產，也有足夠的金錢來應對。

對了，我有保險，基本上都能報銷，穩了穩了……

至於在尚未發生災害和意外時，若你想靠保險理財，這便可能不是一個好主意。不管是能夠獲得穩定現金流的年金險，還是具備迷惑人性的儲蓄險，保險的理財功能比其他金融商品來得弱，有些保險算下來的報酬率，甚至遠不如銀行的定存。

但可以理解的是，保險理財的安全性和穩定性確實很誘人，尤其是考慮養老問題時，這個誘惑就便得益發得大……。

等我 80 歲時就能拿到那麼一大筆錢，到時就能隨便我花了！

　　不過請別忘了，我們正在學習如何進行資產配置，如何平衡風險和收益，養老問題早已在計畫之內，放棄有如雞肋一般的保險來理財，應該也完全沒問題才是。

　　但即便如此，就是有些人對消費型保險的「消費」兩個字，特別敏感和抗拒。

買消費險，如果你這一年沒得病，豈不是就相當於把錢白白送給保險公司？

　　喜歡選擇一旦發生意外能夠賠償給付，沒發生意外卻也能進行投資理財的儲蓄險，或是若到期卻未出險，便可退回保費的「還本型」意外險。

交保費 100 萬元　　退還保險費 130 萬元

保額 100 萬元

30 年後

　　殊不知，那些額外的費用早被悄悄加進保費裡，等到保險公司將保費退還給你時，通常已被通貨膨脹蠶食掉了一大半。

現在的 100 萬元 ≧ 30 年後的 130 萬元

　　大家若想靠保險來理財，九成以上肯定會掉進陷阱裡。當然，富人們確實會考慮使用保險來理財，希望藉此完成財富傳承；但對於還在學習資產配置的你來說，考慮傳承問題似乎顯得有點早，還不如先把基本保障搞定比較妥當。

　　首先，最重要的是盡可能地使用最低的保費，獲得足夠高額的醫療報銷保險，保險額度至少在百萬元以上，確保自己在任何情況下，都有足夠的金錢來治病救命。

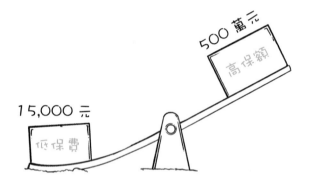

　　其次，重大疾疾險的保額必須高於被保險人 3 年收入的總和，或者是整個家庭 5 年支出的總和，而總和裡更別忘了算上家中原就需要償還的負債。

25,000 元 / 月
30 萬元 / 年

重大疾病保額 >30 萬元 × 3＝90 萬元

家庭支出 25 萬元／年
車貸、房貸 15 萬元／年

重大疾病
保額

>40 萬元 × 5=200 萬元

　　這個額度應該在醫療報銷之外，也就是扣除治病救命的錢，還要預留因失去勞動能力，而被迫需要動用的生活費。

老婆，我這一病，可能 3 年都無法上班了。

沒關係，我之前已經幫你投保了高額的醫療險，就算你 5 年不上班都沒問題。

　　最後，意外險的額度應該高於醫療險，甚至高於被保險人的終身價值並加上家庭負債總和，因為意外造成的傷害，有可能使被保險人永久失去勞動能力。經常出差或從事危險工作的人，可以適當增加意外險或單項意外險，比如航空意外險。

　　另外，醫療險和意外險都包含了身故賠償，如果想在自己身故後，為家人留下更多保障，建議可以增加保額或添加壽險，保額則視家庭的經濟情況以及被保險人在家庭財務中的重要性而定即可，並非十分必要。

醫療、重大疾病、意外這三項保險備齊，你的防禦城牆基本上就算建構完成了，但防禦牆到底有多堅固，就要看保額了。

保額 2,500 萬元

保額 500 萬元

保額 250 萬元

大家一定要確保自己已買了足夠的保額，否則防禦效果還是不堪一擊，這也是在社會保險之外，大家仍需要添購商業保險的原因。

所有的家庭成員都需要這三項保險，但在資金有限的情況下，應該優先讓家庭中的經濟主力來投保，畢竟主力一旦倒下，這對一個家庭的經濟打擊肯定最嚴重。

給孩子購買保險時，也要考慮到家長需要陪護而無法工作的情況，預先多準備一筆生活費。

投保醫療險和重大疾病險時，最好不要選擇 1 年期的商品，否則到了一定年齡，恐將出現無法續保的問題。畢竟有句話說得好：

保險不能改變你的生活，
但能讓你的生活不被改變。

你希望自己的生活能持續多久不被改變，那就請讓保險持續多久，建議最好是持續一輩子。

資產配置小道具

房地產

　　1990 年代，台灣股市遭遇萬點崩落，房地產卻因建商搶照，瘋狂推案，情況持續到 1997 年發生金融風暴、1999 年遭遇 921 大地震與 2000 年的政黨輪替、網路泡沫，房地產假象才被識破。

　　SARS 疫情過後，因全球利率走低，加上政府作多房市，2008 年政府降低遺贈稅，全球資金因此氾濫，終於讓房地產開始走向多頭景氣。

　　之後的 10 年光景，更被大家稱為是房地產的「黃金 10 年」，台灣房地產的歷史天價，多半就在此時因 2008 年金融海嘯，低利率、資金氾濫所締造。

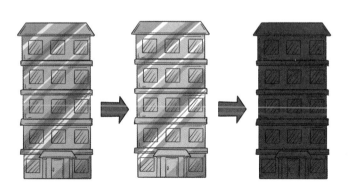

房地產的衰落與人口之間有著密不可分的關係，自從 1990 年第三次嬰兒潮結束後，全世界各國的出生人口數量就開始逐年走低，台灣 2021 年的最新人口統計，全年出生人數只有 153,820 人，創史上新低。

換言之，房地產未來將永遠失去「人口」這個關鍵因素的支持。

不僅如此，在可預見的未來，各大城市為了搶人才，各地方政府的租屋補貼勢必會越來越內卷，人口仍會往大城市集中，但大城市將不再局限於已趨和、住房壓力大的大台北地區，而是移往成本較低廉、交通也算方便的新新市鎮，例如桃園、林口甚至是淡水新市鎮等地。

偏鄉地區有著大片的土地卻無人問津，大城市蛋黃區卻頻頻出現歷史天價。原因即是房子本身不值錢，值錢的是人們聚集的這片區域。

所以，位於核心城市蛋黃區的房地產，依然擁有投資價值，其他留不住人口進駐的城市，房價便不好保證能夠保值了。也正是因為區域差異太大，在之後的資產配置中，我們將不再考慮它。

雖然現在房地產信託基金已漸趨成熟，別說是在其他城市買房子，就算在國外買房子也不是難事。但不管其他城市還是國外，畢竟都不是我們瞭解的地方，就算開著導航走都還會迷路了，遑論在不熟悉的地方投資買房，肯定更容易踩坑了。

當然，如果你非常瞭解某城市的經濟發展以及未來規劃，還是可以按照自己的想法在資產中配置房地產，順便利用房貸帶來的槓杆來獲利。

黃金

　　黃金的價值倒是在世界各地都一樣，而且不受限於任何國家或貿易市場。做為硬通貨，在戰亂、災害、貨幣快速貶值等特殊時期，黃金特別抗風險，甚至因為擁有貨幣屬性，幾百年如一日地招人喜歡，在貴金屬中有著無可取代的地位。

　　不過，黃金價格可沒有人們想像的那麼穩健，自從1971 年「布列敦森林制度」（Bretton Woods system）1 瓦解，美元不再和黃金掛鉤，黃金價格就變成脫韁野馬，始終不受控制地起起伏伏。

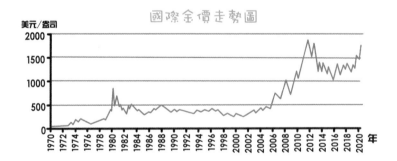

國際金價走勢圖

　　黃金價格先是在 1980 年達到巔峰，緊接著開始長達二十多年的震盪，突然又在 2000 年開始扶搖直上，衝到 2011 年時到達頂點。近十年的黃金價格走出了一個微笑曲

線，差不多相當於原地踏步，這還是在 COVID-19 疫情導致經濟不穩定的情況下，方才迎來了 2020 年的高點。

總體算下來，黃金 50 年來的投資報酬率約在 7.9% 左右，這還全靠 2000 年至 2011 年的單邊上漲，屬於低收益、高波動、低確定性的品種，而跟蹤黃金價格的基金，自然也是同樣的屬性。

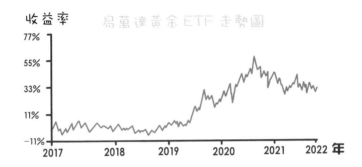

黃金不像農地可以出產糧食，也不像一家公司能創造社會價值。黃金本身不存在任何產能，只能靠人們對社會動盪的恐慌來推高它的價格，遑論經濟發展尚有規律可循，但人們的恐慌，卻總是說來就來⋯⋯。

當美元與黃金脫鉤後，聯邦準備系統（Federal Reserve System，Fed）就開始隨意印鈔，這讓黃金與美元開始背道而馳，走勢相反。當黃金價格堅挺時，便往往意味著市場對美元缺乏信心。

在資產配置中，黃金市場經常會被用來，以少量的倉位對沖特殊時期的風險。

銀行推出的金融商品

很多人一說起理財，最先想到的就是—

這可能是理財界最大的誤區。

其實銀行理財和主動型基金的本質差不多，都是為了賺錢，而不是為了幫你賺錢。

對於銀行來說，拿著客戶的存款去放貸是有風險的，萬一貸款收不回來，銀行就只能自己吞下這筆呆帳。而銀行發行的理財商品，不管投資人虧了還是賺了，銀行都能賺錢。

空手套銷售費、託管費和管理費，同時也留住了客戶的存款，何樂而不為呢？

前些年，台灣經濟持續穩定發展，資金的投資收益較高，從銀行理專募集到的資金成本又相對較低，所以透過銀行發行的投資商品來理財不太容易違約。即使個別理財產品出現虧損，銀行為了博取好名聲，往往也會偷偷挪錢來掩蓋，所以確實有保本、保息這回事。

加上近年來，《銀行法》明確規定資產管理業務不得承諾保本、保收益，這在很大程度上是為了讓投資者更了解未來必須自行承擔風險。隨著市場越來越成熟，一切都沒那麼簡單了，畢竟如果理財產品虧損數額太大，銀行確實也賠不起。

銀行理財並不保本，這在合約裡寫得清清楚楚，風險提示也多半講得也很明白，但即便如此，建議消費者在投資前還是要審慎做好風險評估。可是即便如此，還是有很多人覺得銀行推出的理財商品應該穩賺不賠，尤其是風險等級較低的項目。殊不知，風險等級不過是銀行自己打的分數，並沒有該行業內的統一標準可評估。

不僅如此，銀行為自己發行的理財產品標註報酬率，也不代表真實的報酬率，這只是一個預期；透過銀行代銷的理財產品，銀行是不負擔保責任的，充其量只是從中賺取一點手續費。

現實中，購買銀行發行的理財商品卻「爆雷」的案例也不少，投資者一不小心就很容易踩進陷阱。因此，與其相信一門心思只想賺你錢的銀行，還不如相信正在努力學習資產配置的自己。

期貨

經濟學家理察· H ·塞勒（Richard H. Thaler）的研究表示，期貨市場對美國佛羅里達州未來氣溫變化的預測，比美國國家氣象局還要準確。

很多人認為，期貨是投機者的「零和遊戲」，看漲的與看跌的相互博弈，若再算上手續費的話，就變成名符其實的「負和遊戲」。然則其實不管在哪個市場中，投機者都能把「正和遊戲」玩成「負和遊戲」。

但期貨市場本身有自己的價值，能夠對沖風險，給未來以確定性。比如你經營一家農場，每天都會穩定量產牛奶。

目前的牛奶售價讓你非常滿意，你當然不希望牛奶降價，所以你就在期貨市場上以現在的價格，賣出未來一段時間內的期貨合約。

明年這個時候，我的牛奶仍賣這個價格！

　　未來，牛奶如果降價，你還是可以獲得和現在一樣的收益；反之若牛奶漲價了，你也不會覺得虧錢，因為價格已經足夠讓你滿意。

　　再比如，你投資了一家咖啡店，店裡最大的成本就是咖啡豆。

　　咖啡豆的價格經常變動，但咖啡店銷售咖啡的價格可不能經常變動，所以你就在期貨市場以現在的價格，買入未來一段時間內的期貨合約。

明年這個時候，我仍會以這個價格買進咖啡豆。

不管未來咖啡豆的價格如何變動，你的進貨成本都非常穩定。期貨的本質是風險轉移，那些希望未來價格穩定的參與者，將風險轉移給其他參與者，而其他參與者透過承擔一定的風險，獲得潛在的利潤。

日後若是牛奶漲價，那我不就賺翻了？

如果你是前者，那資產配置中一定少不了期貨，但如果你是後者，而且是只關注價格的投機者，那我奉勸你還是算了吧，可千萬別忘了期貨是自帶槓杆的危險商品喔！

資產配置前，
要預做哪些準備？

3.1

會下金蛋的母雞

在上一章的內容中,我們瞭解了坊間流行的一些金融商品,現在,我們把這些金融商品想像成會下金蛋的母雞……。假設你擁有一大片土地可以用來養雞,等雞養肥了就可以下金蛋。

只要雞越養越多、越肥,你得到的金蛋就越多,也就是說,沒有雞就沒有金蛋。

你真想要金蛋嗎?

如果真有會下金蛋的雞,那我砸下重金也要養!

而當這些雞真正擺在面前時，這些人又會說：

於是，他們等來等去，永遠也等不到自己變有錢的那一天，甚至別說見到會下金蛋的雞。

人們總以為有錢人才需要做資產配置，而真相卻是，不管你身邊有多少錢，都需要做資產配置。這就是說，不是等有錢了再去養雞，而是必須先養雞之後才能變得更有錢。畢竟財富不是等來的，大家別忘了，沒有雞就沒有金蛋，沒有金蛋又如何富有？

人們遲遲不肯邁出資產配置的第一步，理由往往就是——

沒錢

這可真是資產配置的這條道路上最大的絆腳石。不管月薪是 3,000 元還是 3 萬元，總都會有人覺得自己沒錢。

可問題是，越是沒錢才越需要改變現狀，不然只會掉進「窮人更窮、富人更富」的陷阱。尤其是你不過就是月領 3,000 元薪水的 NO BODY，那你還在等什麼？

等著天上掉下餡餅嗎！

簡單說，答案就是四個字：開源節流！

所謂開源，就是想盡一切辦法賺錢。要嘛辛勤工作、努力加班，爭取升職加薪走上人生巔峰。

　　要嘛利用工作之餘，擠出時間去兼職或找一個副業來做，如果表現好，收入甚至還可能超過主業也說不定。

　　如果你的工作既耗時又無前景，那麼你還可以學習其他技能，隨時準備跳槽。

　　總之，在薪水不多的情況下，提高收入肯定是擺在第一順位的目標。假設你一年能存下 1 萬元，10% 的年報酬率才能幫你賺到 1,000 元。但若把時間和精力都放在賺錢上，月收入從 3,000 元提高到 6,000 元，想來應該不難。

　　在資產配置的初期，讓薪水收入翻倍，遠比讓理財利息翻倍來得容易許多，透過多賺錢來快速積累原始資本，也比緊盯著理財的報酬率更有效。

　　所謂節流，就是盡可能省錢。即使不必讓自己變成一毛不拔的鐵公雞，也要定規矩，培養正確的消費觀，將錢花在刀口上。

　　比如區分好支出和壞支出，並且儘量增加好支出，消除壞支出。好支出就是能幫你省下更多錢或賺到更多錢的支出，例如花錢買書來學習資產配置，開始學著讓錢生錢。

　　壞支出就是不必要且會讓你越來越窮的支出，比如購買奢侈品、名車、手錶和精品包包等，它們不僅無法為你帶來財富，反而因為需要保養，將會持續不斷地從你的口袋裡往外掏錢。

　　再比如堅持記帳，這個動作可讓你清楚明白每一筆錢的
去處，並儘量縮減支出，拒絕提前消費。在花費每一筆錢之
前都先想想，自己是否可以先拿這筆錢來養雞，等雞下了金
蛋，再用來消費。

　　畢竟錢花完了就是真的花完了，倒是雞還可以一直下金
蛋……。

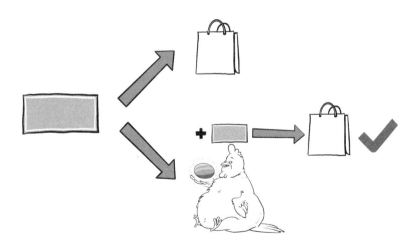

開源節流就像一道經典的數學題：一個蓄水池同時打開進水的水管與出水的水管，到底怎樣才能快速灌滿池水？

當然是把進水的水管管開到最大，而把出水的水管關到最小，不是嗎？

儲蓄需要想像力……

　　幾乎人人都知道儲蓄的重要，也肯定都有過儲蓄計畫，但即便如此，卻仍只有少數人能夠持續。多數人都會因為各種理由而選擇中途放棄，這不僅是因為他們不夠自律，還有可能是因為他們──

想像力不夠豐富！

　　史丹佛大學的沃爾特・米歇爾（Walter Mischel）博士便曾經做過一項著名的「棉花糖實驗」（Stanford Marshmallow Experiment）。

該項實驗以學齡前的兒童做為研究物件，每個參與實驗的小朋友都可以得到一個棉花糖，並被告知可以現在就吃掉棉花糖，也可以等到研究人員回來再吃掉。

> 如果能等到研究人員回來，我就可以再得到一個棉花糖了。

有些孩子能夠抵抗誘惑，等待 15 分鐘甚至更久的時間，但也有些孩子則做不到。

後來經過多年的跟蹤調查，研究人員發現，那些能做到延遲滿足的孩子，不僅學習成績、認知能力、社交能力更強，甚至成年後的體重指數都更低，擁有更好的自我價值感，能夠更有效地追求目標。於是，棉花糖實驗被神話成為用來區分「天才兒童」與「兒童」的秘密工具。

天才兒童　　　　兒童

幾年之後，有研究人員改版了棉花糖實驗，發現延遲滿足與「成功」並沒有什麼關係；反而是影響成功的幾大因素，決定了孩子們是否能做到延遲滿足。

其實，棉花糖實驗的本意也並不是要研究延遲滿足與成功之間的關係，而是想要揭示，促進或破壞孩子們抵禦誘惑的因素是什麼？

人類的大腦其實分成感性和理性兩大部分，而這在棉花糖實驗中則被稱為：

熱情緒系統習慣叫囂著要及時回饋，現在、立刻、馬上就要開心；

趕緊吃吧！我現在就要來嘗嘗這個又甜又軟的味道！

冷認知系統則擅長分析未來，標榜延遲滿足能夠得到什麼回報？

自律從來都不是強硬對抗，而是要壓制熱情緒系統，啟動冷認知系統，而這就需要仰賴想像力了。

第一，把未來想像得更具體一些。當你想健身卻總是難以堅持下去時，不妨仔細想像一下自己健身成功後的模樣，從腹肌到鎖骨，從腰臀比到肱二頭肌⋯⋯，只要想像力越豐富、越具體，往往就會越有動力堅持下去。

第二，把誘惑想得更抽象一點。當你忍不住想喝杯手搖飲時，請試著忘記香甜 Q 彈這樣的形容詞，不妨把這杯手搖飲想像成是一張沒有味道的圖片，或是用水調和香料粉末而來的飲料，或許你的欲望就能在當下瞬間冷卻了。

這種想像力有點像是心理暗示法，當你想要戒煙時，可將抽煙和一個肺癌患者瘦骨嶙峋、痛苦掙扎的樣子聯想在一起，藉此不斷暗示自己，直到形成條件反射為止。

學會了嗎？現在來想像一下財富自由的美好未來吧，財富自由之後你想做什麼？想要什麼樣的生活？每次存錢時，都把想要的結果盡量具體地想像出來，慢慢地，存錢就會變成是一件快樂的事。

別忘了，經濟和科技都在加速進步中，未來可能遠比你想像的更美好，所以請別拘束，放心大膽地想像一下吧！

六個罐子理財法

　　為了末來的美好生活，我們要從現在開始努力存錢，但要多努力才算努力呢？難道要不吃不喝地省下每一分錢嗎？想來這個目標人類肯定都做不到，孰不知這裡所說的「努力」是指制訂合理的計畫並且堅持完成。

　　哈福‧艾克（T. Harv Eker）在他的著作《有錢人和你想的不一樣》（Secrets of the Millionaire Mind）中提到的「六個罐子理財法」，也許能給你一些啟發……。

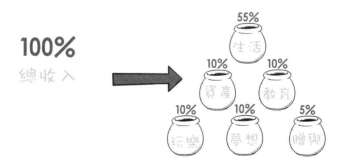

生活儲蓄罐

生活儲蓄罐裡放著食衣住行所需花用的日常開銷，以此保障生活的正常進行，而這當中最重要的部分就是「食」。不管什麼資產不資產的，人總要先活著吧？故而每頓飯花了多少錢，甚至一度成為社會發展水準的衡量標準。

而「恩格爾係數」（Engel Coefficient）[1] 就是食品支出總額占個人消費支出總額的比重。

$$恩格爾係數 = \frac{食物支出}{總支出} \times 100\%$$

假設你一個月花5萬元，其中5,000元用來吃飯，那「恩格爾係數」就是10%，如果你一個月花3,000元，其中2,700元用來吃飯，「恩格爾係數」就是90%。

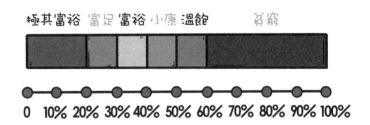

按道理講，「恩格爾係數」應該是越低越好！因為「恩格爾係數」越低，證明生活水準越高。不過因為我們現在談的是儲蓄而非消費，所以「恩格爾係數」反而應該高一點更好，這個結果證明你除了生活日常必需的花費之外，並未過多支出在其他的用度上。

生活儲蓄罐裡有關「住」和「行」的錢，對於很多人來說可能是貸款。貸款的存在，會讓「恩格爾係數」看起來有些「虛假繁榮」。假設你一個月的總花銷是 1 萬元，其中食物花費 2,000 元，那你的「恩格爾係數」已經達到了極其富裕的 20%。

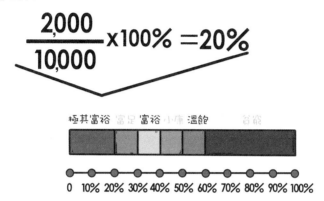

但實際情況是，1 萬元的消費中，房貸就占了 5,000 元，扣除房貸後，你的「恩格爾係數」就下降到小康的 40%；也就是說，你的實際生活並不像「恩格爾係數」顯示的那般富裕。

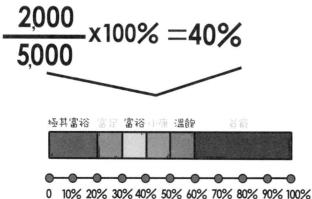

貸款在很大程度上決定了「生活儲蓄罐」的比重，你的貸款可能已經超過收入的 50% 甚至更多。我個人認為，如果沒有貸款，55% 的生活支出比例便顯得過高了。

在資產配置的前期，你應該更節儉一點；在資產配置的中後期，也不要隨著收入增加而按比例提高生活開銷，反而應該預留更多錢給「資產儲蓄罐」。

資產儲蓄罐

「資產儲蓄罐」的錢就是用來養雞的錢，你也可以叫它財富自由資金，有了這個儲蓄罐，你才能一點點實現財富自由。而這個罐子裡的錢只有一個用途——

在羅伯特・徹・清崎（Robert Toru Kiyosaki）的《富爸爸・窮爸爸》（Rich Dad Poor Dad）一書中，他認為是現金流的方向決定了資產的類型。

能讓錢往你的口袋裡流，讓你變富有的資產，便叫做生錢資產。

　　而讓你口袋裡的錢往外流，會讓你變窮的資產，叫做花錢資產。

　　但是，羅伯特的說明只考慮了現金流，而未考慮到時間，因此在資產分析領域，時間和金錢本該擺在同一個象限裡一起討論。

因為一寸光陰，一寸金？

　　所以，我們在這裡需要換個說法：在你躺著什麼也不做時，還能幫你賺錢的便叫做「生錢資產」；而當你躺著什麼也不做時，卻還需要往外付錢的，便叫做「花錢資產」；最後是當你躺著什麼也不做時，它也跟你一樣躺著什麼都也不做，這個就叫做「其他資產」。

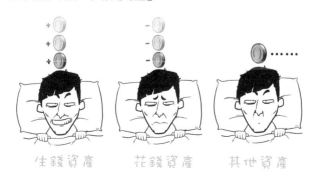

這樣就非常容易理解，為什麼工作被歸類是「其他資產」，因為你是在用時間來換取金錢，你躺著什麼也不做時，工作也同樣都躺著⋯⋯。

而你買下目前正開在路上跑的汽車則是「花錢資產」，因為你躺著什麼也不做的時候，這台車子仍需償還車貸並且繳交保養維修費。

在我們介紹過的金融商品中，能夠產生現金流的就是「生錢資產」，比如說定期配發股息的股票、有利息的債券；反觀只能依靠價格漲跌來獲利的就是其他資產，例如黃金、期貨。

至於房地產則比較特殊，若是自住卻還要償還貸款和支付物業管理費，那它就仍屬「花錢資產」。

如果將房子出租，但租金無法全額補貼貸款和物業管理費，那它還是屬於「花錢資產」。

反之，若租金正好足夠支付貸款和物業管理費用，那它就是「其他資產」。

最後是這筆租金足以支付貸款和物業管理費後，竟然還有結餘……，那它才是「生錢資產」。

一旦確認這筆就是「生錢資產」以後，你要做的就是盡可能地去擁有它，不過有些其他資產也不能放棄，比如工作、保險。

在這個儲蓄罐裡只放 10%，這個比重可能遠遠不夠，這端視你有多希望實現財富自由，那就往這個罐子裡存進多少錢吧。

教育儲蓄罐

人力資產往往是最容易被忽視，也最容易擁有意外收穫的資產，在大部分情況下，薪水都能跑贏通貨膨脹，單單這一點就戰勝了很多其他資產。雖然不同行業、職業的投資報酬率本就不同，甚至差異甚大，但投資我們自己的大腦，永遠是投資報酬率最高的事。

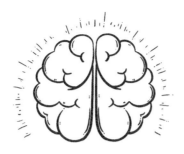

　　此外，你在工作中也需要不斷提升競爭力，否則薪水漲得慢不說，還容易被其他人取代。故而若想提升自己的競爭力，你就要先投資自己的人力資產。

　　學習就是最好的投資，畢竟學歷只是一個標準，或說是一個階段，不管你已經畢業多少年，請永遠不要停止學習的腳步，買書、進修課程、學習技能都可以幫你，須知學海無涯，投資不可終止。

　　總之，「教育儲蓄罐」極為重要，勤於學習不僅能幫你提升個人競爭力，更有機會藉此加薪、讓其他儲蓄罐也跟著受益，還能幫你把「資產儲蓄罐」裡的錢打理得更好，簡直是加了外掛效果的遊戲。

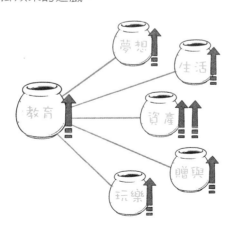

玩樂儲蓄罐

管理金錢的一個重要原則就是「平衡」。

存錢本就是一件違反人性的事，一味地節省，你恐將失去生活的樂趣，很難堅持。所以，當你儲存了 10% 的「資產儲蓄罐」時，也必須儲蓄同樣數額但用途相反的罐子。

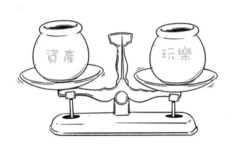

準備一筆玩樂資金，不僅能將儲蓄的滿足感發揮得淋漓盡致，還能讓你保持理財和賺錢的雙重動力。賺錢的目的無非是為了更美好的生活，所以現在就可以享受你賺到的錢，而非等到退休後才能動用。

我想要玩得更嗨，就要賺更多的錢！存更多的儲蓄罐。

夢想儲蓄罐

　　這可真是一個令人十分期待的罐子，因為裡面放了需要積攢一段時間才能實現的事物，比如房子和汽車、創業基金、長途旅行甚至是奢侈品等，任何你想要的東西都可以。

　　這個罐子不僅避免了提前消費，也避免了衝動消費，暫時買不起的就先等一等，說不定等著等著你就會發現，其實自己也沒那麼想要它─只有經歷過時間的考驗，才算得上是真正的夢想。

　　為了早日實現這些夢想，大家要加快賺錢的速度了！

贈與儲蓄罐

贈與可以分為兩部分，一是社交：

請朋友吃飯

送朋友禮物

過年發紅包

人類是群居動物，我們需要和別人交流，這能讓我們感受到親情、友情和愛。另一部分則是捐贈，幫助那些你不認識但卻需要幫助的人，有錢人從來不會在這部分的支出上過於吝嗇，因為他們相信幫助別人不僅能讓自己快樂，也能為社會創造更多價值。

不要想著等自己發財了才要去幫助別人，請從現在開始就做你能力所及的事！就像從現在開始，著手準備執行資產配置一樣。

---

1. 這是在「恩格爾定律」支持下出現的比率，是評斷人們物質準高低的最佳指標。除食衣住行等日常開銷的支出以外，同樣也在不斷增長的家庭收入或總支出中，待所占比重上升一段時期後，即呈現遞減趨勢。（資料來源：維基百科）

別讓錢閒著……

　　把錢存入不同的儲蓄罐裡，然後呢？讓這些錢躺在罐子裡睡覺嗎？這怎麼可以，正確的作法當然是讓這些錢為你工作，用錢生錢。

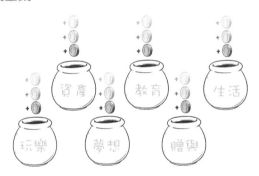

　　假設按照你目前的儲蓄進度，每個月可以往「資產儲蓄罐」裡存入 3,000 元，但這 3,000 元還不足夠買入你看好的資產，但即便如此，你也不能讓它閒著，還是要幫它找個一份合適的工作——

　　定期投資「指數型基金」

定期投資「指數型基金」就是定期定額地買入同一檔指數基金，目的是在強制儲蓄的同時，順便讓它幫自己生一點「小寶寶」，再產生一些收益。

定期投資指數型基金最大的優勢在於平攤風險，相較於一次性地全部 ALL-IN 買入，定期投資對於出手時機並無太大多要求，這就避免了人性的弱點——

資料顯示，一次出手 20 萬元與每月 1 萬元卻分 20 次定時投放，最後的結果的確是不一樣的，而下面這張圖表就是標誌著定期定額投資效益的「微笑曲線」。

一次投入的話，萬一不小心買在高點，你接下來就只能看著別人玩了。而定期定額的買入價格時高時低，成本可以平均分攤一下，久而久之你就是長線贏家了。

最重要的是，你現在沒有 20 萬元，若每個月拿出 3,000 元用來定額投資，真可說是再合適不過作法了。

100 年前被選入道瓊工業指數（Dow Jones Industrial Average）[1] 的 12 家企業，現在一家都不在指數裡了，大多數倒閉的倒閉，被收購的被收購。道瓊工業指數卻從 100 點漲到 3 萬點，100 年漲了 300 倍。

未來100年，道瓊工業指數會漲到100萬點！

　　哪怕現在選擇的某個指數中所有成分股在未來都倒閉了，依然不影響你風雨無阻地賺錢。

　　最後，選擇 ETF 基金。ETF 基金 100% 持有標的指數的成分股，能完美複製指數。ETF 原文是 Exchange-Traded Fund ，又稱「指數股票型基金」，是一種追蹤標的指數變化的共同基金，其投資組合將盡可能比照標的指數的成分股組成。從字面上來說，指數股票型基金可以分成三個特性，分別是

　　1. 指數：追蹤某一個指數，例如美股大盤的標準普爾 500 指數（S&P 500 index）。

　　2. 股票型：可與股票一樣，在次級市場中交易，如台積電。

　　3. 基金：由投信公司發行共同基金的模式，如群益馬拉松基金。

　　不知道你有沒有注意過，跟蹤同一檔指數的不同基金，投資績效可以相差很大。

這首先是因為不同基金經理人給予指數成分股附加的權重不同，有的是市值加權，畢竟越大的公司話語權也越大；而有的是等權重，無論公司大小，強調人人平等。

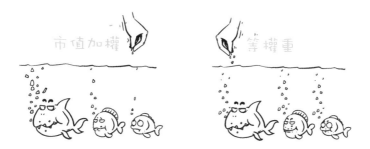

其次是因為基金的反應能力不同，當指數對成分股進行調整的時候，能夠快速跟上的基金才會離指數更近，這跟比賽跑百米是差不多的道理。

哈！指數更新了，看來我要慢慢地把持倉的淘汰股賣掉了……

再其次,還有一些交易費率以及跟蹤方式的原因,反正最後導致的結果就是跟蹤誤差。

一般來講,購買指數型基金的本意就是購買指數,跟蹤誤差自然是越小越好。所以,投資跟蹤誤差最小的 ETF 指數基金,確實是非常不錯的選項。

ETF 指數基金雖好,但做為場內基金,沒辦法設置自動定期定額入資。當然,你也可以每個月自主投入,只不過定期定額投資基金最重要的還是強制儲蓄!

如果你覺得自己不夠自律,那麼最好還是選擇可以定期定額扣款的基金,雖然多花了一些手續費,但應該能強制你存下更多錢。

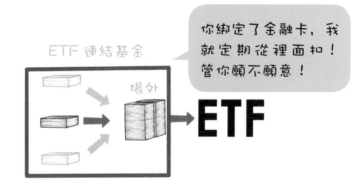

待選好基金，每個月堅持投入 3,000 元，隨著時間的推移，本金逐漸增加，每個月的 3,000 元在本金中的占比越來越小，平均風險的優勢也越來越小，微笑曲線再也微笑不起來了。

舉個例子，當你的基金裡已經定投 10 萬元，平均成本是 2 元，這時你還是每個月定投 3,000 元，那這 3,000 元的成本即使是 1 元，對平均成本的影響也不大，這就是基金定投的鈍化。

$$\underset{(平均成本2元)}{10\ 萬元} + \underset{(平均成本1元)}{10\ 萬元} = \underset{(平均成本1.5元)}{20\ 萬元}$$

$$\underset{(平均成本2元)}{10\ 萬元} + \underset{(平均成本1元)}{3000\ 元} = \underset{(平均成本1.943元)}{10.3\ 萬元}$$

鈍化

好在定投只是一個中繼站，並非終極目標，所以我們要及時地把放在定投裡儲蓄的資金轉換成其他資產，這也可以看做基金定投的停利。

目標停利法

給自己設定一個收益目標，達到目標就停利、收手。比如在市場處於震盪或漫長的熊市時，可以設置 10% 的投資報酬率，達到 10% 就停利贖回，開始下一輪的投資計畫。

當市場處於長期上漲階段時，我們可以選擇「三二一法則」：當第一輪投資收益達到 30% 時，停利贖回，接著重新開始第二輪的投資；當第二輪投資收益達到 20% 時，停利贖回，接著開始第三輪投資；當第三輪定投收益率到 10% 時，停利贖回。

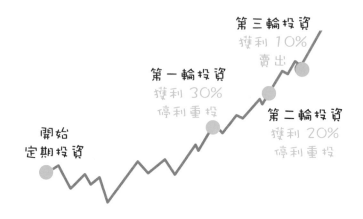

如果你無法判斷市場形勢，那麼乾脆拋開市場也行，重新規劃一個自己希望的報酬率，一旦達標就停利贖回。

例如獲利
100% 就
賣出？

估值停利法

拋開上述現況回頭來看本質，估值的高低相當於市場的安全係數，估值越高，市場的安全係數就越低，越該停利贖回。

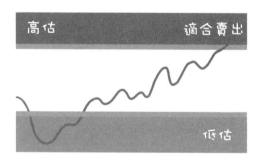

這個方法對新手可能不太友善，因為投資者需要結合歷史點位元和估值走勢，自己設置停利策略，面對 PE、PB、PS 等一堆指標，若沒累積一點投資經驗那可搞不定。

當市場估值偏高或已接近歷史高點時，我們便可開始分批停利。以台灣 50（0050）為例，當本益比超過 80% 時，我們就可以開始逐步停利贖回。

市場情緒法

華倫・巴菲特曾說：

雖然這件事跟存錢一樣需要克服人性的弱點，但確實是最簡單且有效的策略。

當你發現原本不碰股票的朋友也開始談股票，股市裡的人都在高喊「賺大錢」，股市外的人正前仆後繼奔向股市，形勢一片大好時，這就是撤退的信號，請趕緊停利贖回。

不過市場裡這種情緒高漲的時候可不多，可能要等幾年甚至十幾年才能熬過一個經濟週期，等到黃花菜都涼了，才能等來一個高點。

還有一些其他的停利策略，有興趣的人可以多瞭解一些，也可以多種方法結合使用，哪種先達標就用哪種，停利後若有其他合適的資產，便可再置換成其他資產，當下若沒有合適的資產，那就繼續下一輪的定期定額投資。

定期定額投資是一個多功能實用型工具，既是儲蓄罐，也是中繼站，更是資產配置的重要組成部分。唯一美中不足的就是，無法確定停利的時間，所以只適合「資產儲蓄罐」。

最後還要強調一點，「玩樂儲蓄罐」和「贈與儲蓄罐」裡的錢可以每個月都花光，但建議「生活儲蓄罐」裡的錢最好不要都花光。

在資產配置的前期，大家應該想辦法在「生活儲蓄罐」裡儲備 3～4 個月的生活費，既可做為生活保障資金，也能用在發生意外時的臨時支出。

我把老闆給炒了！接下來這段時間的生活怎麼辦？

還好我的「生活儲蓄罐」裡還有 3 個月的生活費！

「生活儲蓄罐」裡的錢隨時都有可能用到，所以建議不妨定期購買一些可以隨取隨用、無手續費、價格波動不大的貨幣類資產。

至於需要儲蓄一段時間的「教育儲蓄罐」和「夢想儲蓄罐」裡的錢，也可以選擇貨幣類資產，但如果你對教育和啟動夢想的時間已有規劃，那麼選擇可與規劃時間配合債券類資產應該會更好。

---

1. 由《華爾街日報》和道瓊公司聯合創始人查爾斯・道創造，並以他和夥伴愛德華瓊斯的名字命名的股票市場指數，是在美國證券交易所上市的 30 家著名公司的價格加權衡量股票市場指數。

資產配置的
策略、目的

4.1

以「人生價值」為目標

　　終於到了這個激勵人心的環節，現在終於要開始建立專屬於的財務目標了，這肯定要是一個清晰且具體的目標，否則你將沒有足夠的動力來實現它。

　　怎樣得到一個清晰且具體的目標呢？

　　事件、金額、時間三要素，缺一不可。

第一要素：事件

　　這就是你這一生希望達成的成就。

　　這些都沒問題，即使無法取捨，想要全都實現也完全沒問題。

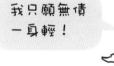

「事件」要素算是你我對未來的一種規劃，或說是一種需要透過金錢來實現的長遠規劃，甚至可說是你對整個人生的藍圖。

每當有人向我抱怨財務問題時，我都會先反問一句：「你的財務目標是甚麼？」

而我得到的回答中至少有一半是：

很多人會把財務目標定義為就是清償債務，這可不是財務目標，因為有無債務只能代表你現在的財務現狀，沒有人想把還債規劃到未來的生活中，這充其量只是不得不還而已。

　　僅僅因為目前償還債務的壓力太大，就想把所有的收入都用來還債，希望儘早擺脫債務，甚至為了不產生新的負債而停掉所有信用卡，這種視負債如老虎的想法，未免有些極端。

趕緊把信用卡停了，這樣一來，消費、貸款都關了！

　　你應該停掉的並不是信用卡，而是你的欲望，讓你感到壓力大的也不是負債，而是你的消費方式。因為負債也分好與壞，支出大於收入的提前消費，才是壞負債。

　　比如刷信用卡買的奢侈品，貸款買下的家用小轎車。

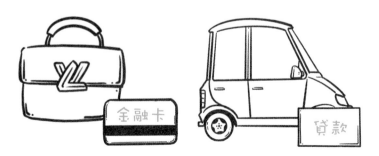

能使收入大於支出的負債，則是好負債。比如貸款開一家火鍋店，每個月的淨利潤遠遠超過需要償還貸款的本息和，這就是好負債。

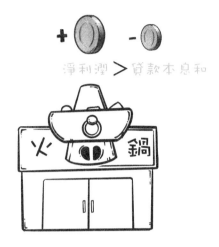

在好負債的分類裡，房貸始終存在著某種程度的爭議，現金流的支持者認為：

每個月要償還的貸款金額，一定要小於房子能產生的現金流，也就是租金，這才算是好負債。

我認為，房貸在大部分情況下都可算是好負債，如果不買房就需要支付房租，即使房貸金額超過房租，也仍可算做好負債，因為房租是消費，但房貸還有可能為你帶來資產的升值。

別忘了，房貸是最適合一般人的槓桿。大家應該盡可能延長好負債的償還時間，利用它們來幫你賺錢。有債務並不影響你做資產配置，更不影響你實現財務目標，大家不要只盯著眼前的小利，應該把財務目標定得更長遠，讓自己的人生更有價值。

第二要素：金額

希望達成的成就像旗幟一樣，飄揚在不遠的前方，想要達成它們只需要一點金錢。

那具體是多少錢呢？

1994 年，麻省理工學院學者威廉‧班根（William Bengen）提出了 4% 法則：只要建立一個均衡的資產配置

組合，就可以每年從你的總資產中提取 4% 的金額來支應生活開支，且能保證你安穩度過至少 30～50 年的退休生活[2]。

$$\boxed{4\% \text{ 法則}}$$

$$\frac{\text{財富自由}}{\text{所需總資產}} = \frac{\text{家庭年開銷}}{4\%}$$

按照我們之前的假設，你每個月的生活費是 5,000 元，一年下來就是 6 萬元，而財富自由所需的資金就是：

$$\frac{\text{財富自由}}{\text{所需總資產}} = \frac{6 \text{ 萬元 } (5{,}000 \times 12)}{4\%} = 150 \text{ 萬元}$$

在 20 世紀 90 年代，4% 法則在美國迅速走紅，因為當時美股正處於大牛市，美國國債支付的年利率超過 4%，這使得 4% 法則十分奏效。

但如果不是在牛市呢？

尤其是在你剛剛攢夠財富自由所需總資產的前幾年，如果資產配置組合的表現不佳甚至出現虧損，你的本金又將回到之前無法達到財富自由的狀態。

好不容易攢夠
150 萬元，連虧
三年，又剩不到
100 萬元了！

如果此時沒有足夠的現金流補足財務缺口，這部分資產將無法支撐到你離開這個世界。假設你存夠了 150 萬元準備退休，第一年從總資產中支出 4% 做為生活費，隨後每年增加 3% 來抵禦通貨膨脹。你的平均年化報酬率達到 8.68%，大於需要支出的 4%，再加上通貨膨脹率。

年	年初金額（萬元）	年初取現（萬元）	取後金額（萬元）	年報酬率（%）	年末金額（萬元）
1	150	6	144	-10	129.6
2	129.6	6.18	123.42	-13	107.37
3	107.37	6.36	101.01	-24	79.77
4	76.77	6.5	70.27	10	77.3
5	77.3	6.75	70.55	15	81.13
6	81.13	6.95	74.18	10	81.6
7	81.6	7.16	74.44	25	93.05
8	93.05	7.38	88.67	-8	78.87
9	78.81	7.6	71.22	20	85.46
10	85.46	7.83	77.63	-30	54.34
11	54.34	8.06	46.28	9	50.45
12	50.45	8.3	42.12	-3	40.88
13	40.88	8.55	32.33	30	42.036
14	42.03	8.81	33.22	15	38.2
15	38.2	9.07	29.13	21	35.25
16	35.25	9.35	25.9	16	30.04
17	30.04	9.63	20.42	15	23.48
18	23.47	9.92	13.56	29	17.5
19	17.5	10.21	7.29	-3	7.06
20	7.06	10.52	29.13	23	
21		（10.83）		12	
22		（11.16）		-17	
23		（11.49）		29	
24		（11.84）		25	
25		（12.19）		21	

註：平均年化報酬率為 8.68%

按照上表的順序，結果不僅令人大失所望，更是感到絕望，不到 20 年，你將花光所有的資產。同樣的報酬率，只是調換一下到來的先後順序，結果就會完全不同。

年	年初金額（萬元）	年初取現（萬元）	取後金額（萬元）	年報酬率（%）	年末金額（萬元）
1	150	6	144	21	174.24
2	174.24	6-18	168.06	25	210.07
3	210.07	6.36	203.71	29	262.79
4	262.79	6.5	256.29	-17	212.72
5	212.72	6.75	205.97	12	230.69
6	230.69	6.95	223.74	23	275.12
7	275.12	7.16	268.08	-3	260
8	240	7.38	252.62	29	325.88
9	325.88	7.6	318.28	15	366.02
10	366.02	7.83	358.19	16	415.5
11	415.6	8.06	407.44	21	439.3
12	439.3	8.3	484.7	15	557.4
13	557.4	8.55	548.86	30	713.51
14	713.51	8.81	704.7	-3	683.56
15	683.56	9.07	674.49	9	735.2
16	735.2	9.35	725.85	-30	508.09
17	508.09	9.63	498.46	20	598.16
18	598.16	9.92	588.24	-8	541.18
19	54.18	10.21	530.97	25	663.71
20	663.17	10.52	653.19	10	718.51
21	718.51	10.83	707.68	15	813.83
22	813.83	11.16	802.67	10	882.94
23	882.94	11.49	871.45	-24	662.3
24	662.3	11.84	650.46	-13	565.9
25	565.9	12.17	553.71	-10	498.34

註：平均年化報酬率為 8.68%

　　按照上表的順序，已經 25 年了，你的資產越來越多，不僅無須擔心養老問題，還有多餘的資產可以留給後代。市場是波動的，當你終於攢夠財富自由資金時，不一定會碰到甚麼樣的行情，所以財富自由這件事，還有一點點運氣的成分。

　　不過想要退休，你總要從資產裡取錢，不管是 3%、4% 還是 5% 都無法保證萬無一失，再加上為了應對通貨膨脹，每年只要適當提高一下這個比例，就更容易出現一

　　因此，我們要為自己預留足夠的緩衝帶—更多的資金，以及更靈活、可調節的退休的時間。我們還是先把提取比例設定在 4%，財富自由所需的最低總資產 150 萬元，是僅能滿足基本生活的額度，想達成其他成就，還要繼續往上加碼。

　　比如，打算在財富自由後的 5 年內買房買車，就把頭期款平均加到每年的生活費裡。

再比如，除了日常生活之外，每年還需要 10 萬元的旅遊資金、5 萬元的夢想資金、2 萬元的慈善資金，藉以支持你環遊世界、保持愛好、幫助他人。

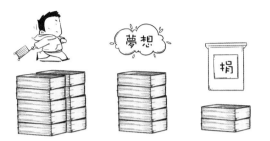

還有甚麼想達成的，都可以繼續加碼，比如想為家鄉建一座希望小學，想要花費幾年時間重新完成學業等，把需要的資金平攤到幾年的時間內，就是你每年需要的支出。按照目前列舉的這些專案，每年的生活費達到了──

+2 萬元
+5 萬元
+10 萬元
+20 萬元
6 萬元 ➡ 43 萬元

財富自由資金則變成了──

$$\frac{財富自由}{所需總資產} = \frac{43\ 萬元}{4\%} = 1,075\ 萬元$$

150 萬元到 1,075 萬元之間的金額，也可以看做你的緩衝帶，就算剛退休的前幾年，資產配置的收益結果不理想，也沒關係。

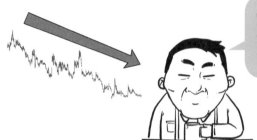

唉！只能把旅遊的計畫往後延一延了。

第三要素：時間

1,075 萬元

如果要給它加個期限，我可不希望是一萬年！

目標金額 1,075 萬元，需要多久能實現呢？

千萬別覺得這個數字遙不可及，按照每月存款 5,000 元，年化報酬率[1]（Internal Rate of Return，IRR）為 10% 來計算，30 年就可以實現了。如果你現在 30 歲，正好在退休時也實現了財富自由，如果你剛剛 20 歲出頭，那你 50 歲就能退休了。

你肯定覺得時間有點長，沒關係，那就努力多存點錢好了。每個月能存下 1 萬元，時間可以壓縮到 23 年，每個月能存下 2 萬元，只需要 17 年就能達到財富自由了。

想要繼續縮短時間，難度會越來越大，如果你已超過 50 歲，可能需要設置更保守的年化報酬率，成就達標的時間將進一步被拉長，一旦時間太長的話，就只能選擇降低目標。

存款速度與年化報酬率，兩者共同決定實現財富自由的時間，一般人每個月能存下 2 萬元，已經算是不錯的表現了。

我們一直將預期的年化報酬率設置在 10%，但這並不是絕對的，你可以根據自己的需求調整這個指標，只不過這並非隨意調整，否則誰不想要 100% 的報酬率？

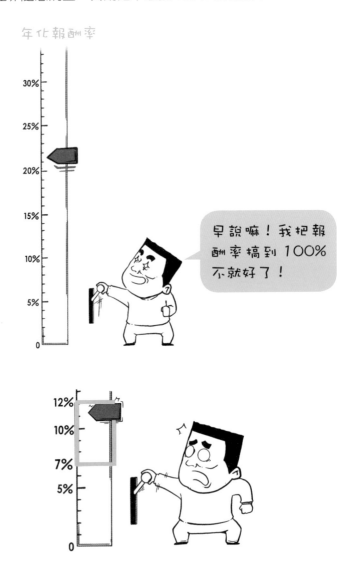

既然選擇了資產配置，那麼你對年化報酬率的預期，肯定要大於十年期國債的無風險利率和銀行長期存款利率，這兩個利率一般在 3% ～ 4% 之間，一些地方銀行的 5 年期存款利率甚至超過 4%。不過，銀行給出的利率只是名義利率，實際利率 = 名義利率－通貨膨脹率，這樣算下來，實際利率有可能是個負數。

為了讓名義利率變成實際利率，就需要再減去通貨膨脹率。正常來說，通貨膨脹率多半在 2% ～ 3%，我們按照 3% 計算，4%＋3%＝7%，這就是資產配置預期年化報酬率的最低標準。

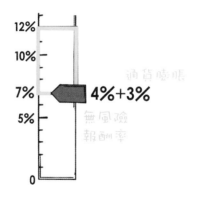

回顧歷史，股票市場 30 年中的年複合報酬率為 12.25%，隨著經濟的發展，未來的經濟增速極有可能放緩。即使經濟增速得以保持，預期年化報酬率若能與市場的平均水準保持一致，便已是非常值得驕傲的成績了。

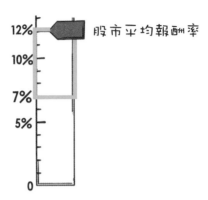

股票市場平均報酬率以 12% 做為資產配置年化報酬率的預期，可算是較高標準，想要獲得超過市場平均水準的收益，則將要承受更大的風險。

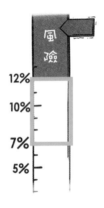

希望追求穩定、抗拒風險或者年齡較大的人，可以設置 7% ～ 9% 的預期年化報酬率；勞動力充足、對達成目標的時間有較高要求的人，可以設置 11% ～ 12% 的預期年化報酬率。

　　想要獲得平均成績，可以把預期年化報酬率設置為10%，這也是一個較容易長期實現的穩健型設置。透過資產配置獲得和積累財富，確實是一個相對漫長的過程。如果你想一夜暴富，不如去買彩券。現在，這個目標已經很清晰了，每個月存下 2 萬元來做資產配置，努力做到年化報酬率10%，17 年後便可實現財富自由。

1. 年化報酬率又稱為內部報酬率，是評估投資績效的一種模式，意指找出資產潛在的報酬率，其原理是利用內部報酬率折現後，投資的淨現值恰好等於零。至於「內部」一詞是指內部利率並未包括例如通貨膨脹，資本成本或各種金融風險等外部因素。
2. 分析過去 75 年的股市及退休案例後，他歸納出只要退休第一年，從退休金本金中提取不超過 4.2％，之後每年依通貨膨脹率微調，直到你過世之前，退休金都花不完。因此他建議股票、債券各佔一半的投資組合，是能維持提領 4％資產的最佳狀態。

4.2

風險 VS. 收益的平衡

　　你的財務目標清晰且美麗，但在通往目標的道路上，還存在著很多陷阱，我們稱之為「風險」。

　　巴菲特說：

　　有一位石油投機者上天堂後卻被攔下，並給他帶來了壞消息。

你有權利住在這裡，但現在天堂都被石油投機者佔滿，沒有空房間了。

這位投機者想了想，對著天堂大喊一聲：

天堂
↑ 向上50米

天哪，地獄竟然發現石油了！

話剛說完，天堂的大門便隨處開放，所有的石油投機者蜂擁而出，直奔地獄……。

目瞪口呆的天堂守門員，邀請這位投機者搬進去。

而這位投機者，拒絕了。

我想我也應該去
地獄，畢竟謠言
可能也有某種的
可信度在。

……

這個故事告訴我們甚麼道理？

散佈謠言的最高
境界，就是讓自
己也相信。

這是在告訴我們
「從眾」的危害
性，好嗎？

「從眾」不會讓你迷失方向，但卻會令你混淆了是非，經濟學裡也有一個專有名詞用來形容這個現象，就是——

簡單來說，「羊群效應」[1]就是別人幹嘛，你便幹嘛，別人說甚麼，你就信甚麼。股票下跌時，別人都在賣出，你也生怕自己賣得慢了；股票上漲時，別人都在買，你肯定也不願落於人後。

「從眾」是人性的一部分，是很多投資者虧損的根源，因為這時你根本不知道自己在做甚麼。想像一下，如果有一天你成為一位企業家，你的秘書在旁邊問你：

你在收購之後才發現，這是一家高科技產業。

　　從眾或盲目地做出決策，甚至無從判斷風險，說得更白話一點就是：你不虧誰虧。

　　虧損只是風險的一種，並非是風險的全部，在資產配置中，實際收益與預期收益之間的差距也是風險的一種。假設你有 100 萬元，預期年化報酬率為 10%，30 年後你本該擁有 1,745 萬元，安享晚年生活。

但你的實際年化報酬率只達到 7%，30 年後你才擁有 761 萬元，僅僅超過原定計劃的一個零頭，若想退休，還要再辛苦幾年。

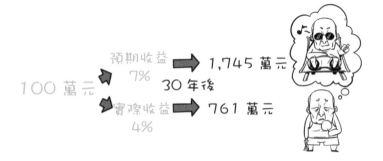

這也是為甚麼我們要平衡風險與收益，而不是一味地為了減少風險而降低對收益的追求？因為低回報本身就是一種風險，它會拉長你實現財務目標的時間，而時間又會帶來無法不能確定的風險。

1990 年，哈利·馬克思·馬可維茲（Harry Max Markowitz）憑藉「現代投資組合理論」（Modern Portfolio Theory）獲得諾貝爾經濟學獎。在這個理論中，馬可維茲將風險定義為報酬率的波動率，並將數理統計的方法，首次應用到投資組合的選擇中，成為現代投資組合理論的基石。

假設現在有四種資產，每種資產的風險與預期報酬率持平，這裡的風險是指標準差 [2]，也就是可能得到的各種實際報酬率與預期報酬率的離散程度。

資產	報酬率	標準差	權重
A	5%	5%	25%
B	6%	6%	25%
C	8%	8%	25%
D	10%	10%	25%
ABCD 項目	7.25%	4.05%	

四種資產的預期年化報酬率分別是 5%、6%、8% 和 10%，如果按照同等權重對它們進行資產配置，那麼平均的預期年化報酬率應該是 7.25%。這樣一來，平均風險是否應該和平均報酬率一樣，也是 7.25% 呢？

馬可維茲告訴你：

當然不是！

因為每種資產的相關程度不同，有些資產之間甚至是負相關，風險可以相互抵消，所以報酬率被平均了，風險也減小了。將這四種資產按照不同的權重，配置成不同的資產組合，這些資產組合的平均收益與風險，也將完全不同。

在預期報酬率相同的情況下，選擇風險最低的組合；在風險水準相同的情況下，選擇預期報酬率最高的組合，這就構成了一條有效前沿曲線。

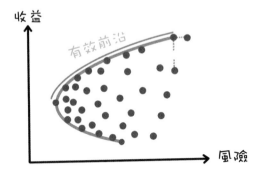

有效前沿曲線上，不同風險組合的資產配置比例便不同，越往右上方，組合中的高風險資產佔比越高；越往左下方，組合中的低風險資產佔比越高，但這條曲線上的資產配置組合，都是有效組合。

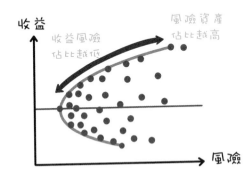

　　「現代投資組合理論」認為，投資者應該構建一個投資組合，在盡可能高的報酬率和盡可能低的不確定性風險之間，達到最佳平衡。

---

1. 一般又可稱為「旅鼠效應」。故事來自一個傳說，據說土耳其的牧人發現，他們畜牧的羊隻常會常跳崖而死，而且是只要有一頭羊開始跳崖，那麼其他的羊就會開始跟著跳，損失慘重。
2. 標準差（Sandard Dviation，SD），一般又可稱標準偏差、均方差，在機率統計學中做為測量一組數值的離散程度時使用，可用符號 σ 來表示。

4.3
投資大師的資產配置

　　「現代投資組合理論」證明了，將投資分散到不相關的資產上，可以有效降低風險、增加收益，投資大師們也都是這樣做的。

　　約翰‧鄧普頓爵士（John Templeton）被美國《富比士》雜誌（Forbes）稱為「全球投資之父」及「世界上最成功的基金經理之一」。鄧普頓爵士第一次嘗試投資是在1939 年，此時正值美國經濟大蕭條剛剛結束，第二次世界大戰開始的時候……。

　　在經濟大蕭條中，很多公司破產，而戰爭大大增加了民間對物資的需求，促使經濟重新發展起來。

第二次世界大戰

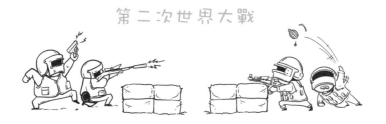

　　於是，鄧普頓爵士從股市中買進 104 檔價格低於 1 美元的股票，4 年後，這 104 檔股票中竟有 100 檔都賺錢，只有 4 檔虧損。

這大概是最早期的分散投資。

1949 年，班傑明‧葛拉漢（Benjamin Graham）在《智慧型股票投資人》（The Intelligent Investor）一書中，首次提出股票和債券各佔 50% 的資產配置方法。

後來，又衍生出了動態調整股債配置比例的投資組合。

4% 法則的理論基礎，就是源於這種「股債平衡」的資產配置法，並且建議股債配比最好落在 50：50 ～ 75：25 之間。

威廉 · 班根（William Bengen）根據歷史資料測算出，由 60% 的股票和 40% 的債券組成的投資組合，年化報酬率平均為 8.2%。

別忘了，那可是在 20 世紀 90 年代，當時正是美國股市的大牛市。即使不是大牛市，歷史資料也永遠只能代表過去；而無法代表未來，也是 4% 法則後來失靈的原因。

直到現在，60：40 的資產配置組合在美國仍然十分受到歡迎，60% 的股票和 40% 的 10 年期國債，可能是最為廣泛的應用組合。

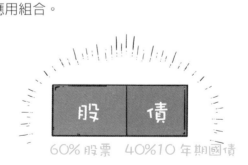

指數基金之父約翰‧克里夫頓‧「傑克」‧柏格（John Clifton "Jack" Bogle）就是採用的這種組合，他幾乎將自己全部的資產都放在自家公司所發行的基金上。

60%　　　40%
股票型基金　債券型基金

而其中，佔總資產 60% 的股票資產，絕大部分是先鋒公司的股票指數基金；而佔總資產 40% 的債券資產中，一部分則是先鋒公司的全債券市場指數基金，以及先鋒公司的免稅債券基金。

免稅債券基金中的 2 / 3 是中期免稅債券基金，1 / 3 是有限期限免稅債券基金。耶魯大學的首席投資官大衛·弗雷德里克·史雲生（David Frederick Swensen）有一個稻草人投資組合，便也是差不多的思路，配置 70% 的股權類資產和 30% 的固定收益類資產。

70% 股權類　30% 固定收益

30%　　15% 15%

美股　　新興　　海外新興　不動產
市場　　市場　　國家市場　信託基金

在大衛 · 弗雷德里克 · 史雲生資產配置中，還有一個重要的原則：

無論甚麼類型的資產，在整個組合裡的佔比，絕對不能超過30%。

與大衛 · 弗雷德里克 · 史雲生英雄所見略同的威廉·伯恩斯坦（William J. Bernstein），在他的《有效資產管理》（The Intelligent Asset Allocator）一書中，提出了相似的資產配置組合：

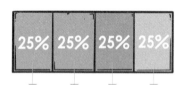

而同樣喜歡採用4分法的，還有「末日博士」麥嘉華（Marc Faber）：

　　麥嘉華之所以在股票市場上的持倉不多，是因為其持有的債券中，以新興市場國家的債券和以美元、歐元計價的公司債券為主，這些債券與股市的關聯度頗高，實際上增加了股票的潛在持倉。

　　最後，我們來看看巴菲特的資產配置組合。

　　但可能要讓大家失望了，因為巴菲特並沒有甚麼特殊的資產配置組合，他就只是努力獲得更多優質公司的股權，然後長期持有。

　　不過，他是這樣授意自己的信託資產：

在我去世後，將10%的資產買入美國短期國債，90%的資產放在標普500指數基金上。

　　巴菲特向華爾街發出的 10 年賭約，是一個經常被人們提起的故事：以 10 年為限，沒有一檔主動基金能夠打敗「標準普爾 500 指數」（Standard & Poor's 500），賭注是 50 萬美元。在 10 年期限的最後一天，「標準普爾 500 指數」累積上漲 125.8%，應戰的 泰德・賽德斯（Ted Seides）精挑細選的 5 檔對沖基金中，表現最好的累積上漲 87.7%，表現最差的僅僅只有 2.8% 的收益。

　　巴菲特也不止一次向所有投資者強烈建議：

投資指數型基金

4.4

核心衛星投資策略

投資大師們已經給了很多建議，不過他們的主場多半都在美股市場，提供的建議很難完全符合來自世界各地投資大眾的需求，也不可能完全適合你。所以，結合大師們的建議，我們要自己設計一個專屬的資產配置方案。

我非常建議你使用「核心衛星投資策略」（Core-Satellite Investing）。

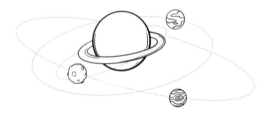

「核心衛星投資策略」誕生於 20 世紀 90 年代，回溯世界金融史，那可真是一個群星璀璨爭光的時代。直到現在，「核心衛星投資策略」仍被許多全球知名的投資基金應用著……。

「核心衛星投資策略」就是把資產看成一顆被眾多衛星環繞著的行星，我們應該將大部分資產放在核心的行星上，而將小部分資產分佈在激進的衛星上。

穩健　　　　　　　　　　激進

　　我曾經見過不少持有 40 多檔股票或 30 多檔基金的投資者，「核心衛星投資策略」能夠妥善幫助投資者解決這個問題，既能做到分散投資，又不至於掉入過度分散的泥沼中。

　　核心行星在總資產中的佔比至少要在 50% 以上，畢竟若再少就算不上是「核心」了。風險偏好較低的投資者，可以自行調整到 70% 左右，讓整個投資組合更顯穩健，但也不必為了求穩健而過度放大行星，多少也要給衛星一點空間。

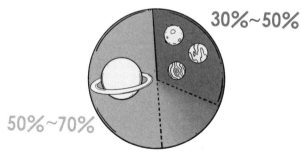

30%~50%

50%~70%

　　衛星可以有很多個，但核心行星只能有一個，但這並不是說核心行星中只能有一種資產。就好比地球上約 70% 的面積是海洋，30% 是陸地一樣，核心行星中的資產，也需要有海洋和陸地的分配。

把海洋看作股票，把陸地看作債券，7：3 的比例剛好適合較為激進的投資者，至於風險偏好較低的投資者，可以調整到 6：4 或佔各佔一半皆可。

接著，需要將行星中的股票資產進一步分散投資，如果是自己投資股市，至少應該選擇 5 檔以上不同產業的股票，藉此降低持倉風險。

或者直接選擇兩檔以上的指數型基金，例如台灣 50（0050）與國泰永續高股息（00878）就是很好的組合，可以有效中和股市裡的趨勢輪動。

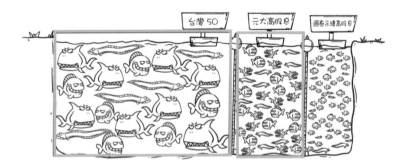

債券資產因為本身風險較小，所以不必刻意追求分散，大家可以選擇債券型基金或債券型指數基金，也可以選擇長期國債。

對於圍繞著核心行星的衛星，大家可以選擇與核心行星相關度較低的資產，比如海外市場中的開發中國家股市、黃金等；也可以選擇自己能力範圍內的熱門或成長型類股。

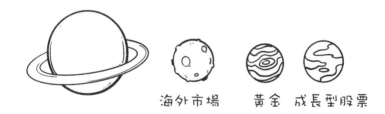

此外你還可以選擇海外市場的指數基金，比如美國標普 500 指數基金、日經 225 指數基金，以及一些以價值股為標的的主動型基金，畢竟這些基金的經理人早在發行該基金時，便已為投資大眾做好資產配置。

最後再次提醒大家，請別忘了幫自己的核心衛星投資策略安裝「保險」的金鐘罩喔！

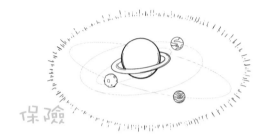

不同的人生階段，
不同的資產配置

5.1

牛市 VS. 熊市—「動態再平衡」

　　根據上一章介紹的「核心衛星投資策略」，我們可以知道，資產之間若無關聯性，將可有效降低投資組合的風險；反觀資產之間若是負相關的關係，那效果就會更明顯。

　　這也是為什麼股票與債券，一直是最被推崇的投資組合。一般來說，股票與債券就是成負相關關係的資產。如果股票市場行情大好，那麼投資者為了追求更高的收益，就會將債券市場中的資金轉移到股票市場，進一步推動股市上漲。

　　如果股票市場不景氣，那麼投資者就會將股票市場中的資金轉移到債券市場，以求降低風險，讓收益更平穩，而資金的流入會同時帶動債券市場的上漲。

因為這種負相關性，我們的核心行星選擇了股票資產和債券資產進行組合，並妥善配置雙方的比例。但隨著時間的推移，比例會產生變化，這時就需要進行「動態再平衡」。

假設你的核心行星中共有 100 萬元的資產，其中 50 萬元在股票市場中，50 萬元在債券市場中。

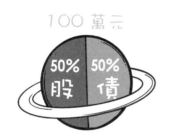

一段時間後，由於股票市場行情不錯，股票資產上漲 25%，債券市場走勢相反，下跌 10%。

此時，股票資產共 62.5 萬元，佔比 58%，債券資產共 45 萬元，佔比 42%，已經偏離了最初設定的 50：50 的比例。

為了重新調整比例，需要賣掉 8.75 萬元的股票資產，買入 8.75 萬元的債券資產，才能保持股債平衡。

　　請注意，這裡需要調整的是比例而非金額，不是把股票資產重新調整到 50 萬元，而是調整到 53.75 萬元，因為總資產的金額增加，所以股票和債券資產的金額也相應地增加。

　　「動態再平衡」之後，股票市場和債券市場發生反轉，股票市場下跌 25%，債券市場上漲 10%，此時你的股票資產變成約 40.31 萬元，債券資產變成約 59.13 萬元，總資產共 99.44 萬元。

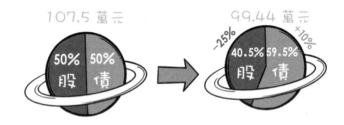

　　如果沒有經過「動態再平衡」，當股票市場和債券市場發生反轉時，股票資產將變成約 46.88 萬元，債券資產將變成 49.5 萬元，總資產共 96.38 萬元，績效跑輸「動態再平衡」策略。

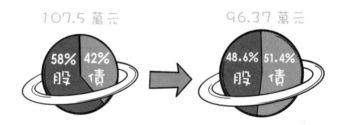

　　當然，股票與債券的負相關關係並不是絕對的，在整個社會經濟極度熱情或者極度低迷的時候，兩者也會出現同漲同跌的情況。

如果一段時間後，股票資產虧損了 25%，變成 37.5 萬元，債券市場也不景氣，虧損了 3%，變成 48.5 萬元。重新恢復平衡，需要將 5.5 萬元的債券資產換成股票資產。

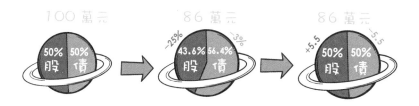

如果你擁有足夠現金流，也可將股票資產和債券資產重新補足至各 50 萬元的比例，畢竟「動態再平衡」策略本身就帶有逆向投資的思維，在股票和債券雙雙虧損的悲觀之際，特別適合補倉來攤低成本。

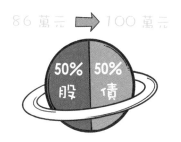

「動態再平衡」策略不只是一種逆向投資思維，還自帶四大優勢。

優勢一：高拋低吸。為了維持平衡，當一種資產價格上漲時，就需要將其賣掉一部分；當多種資產同時上漲時，需要賣掉上漲幅度最大的資產，這是高拋。

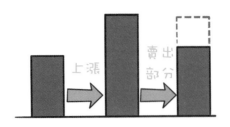

同樣的，為了維持平衡，當一種資產價格下跌時，就需要買入一部分；當多種資產同時下跌時，需要買入下跌幅度最大的資產，這是低吸。

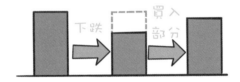

買入和賣出通常都是同時進行的，賣出價格上漲的資產，同時買入價格下跌的資產。

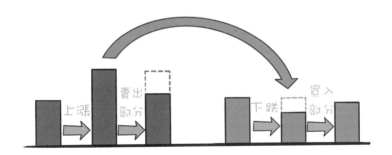

或者是賣出漲幅更大的資產，買入漲幅較低的資產；還是賣出下跌更少的資產，買入下跌更多的資產，這都算是一種高拋低吸。

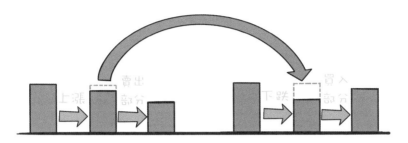

優勢二：降低風險。尤其是對於高風險資產持倉比例較多的投資者來說，本來 70% 的股票資產已是你所能承受的風險極限，這時若讓這部分資產繼續上漲，你必須承受的風險也會持續增加。

及時調整資產比例，可將風險控制在你能承受的範圍之內。

優勢三：克服人性。任何資產都有它的週期，不會一直上漲，於是不少投資者總希望自己是買在最低點，並且賣在最高點，但結果卻往往是倒在了半山腰上……。

而「動態再平衡」策略是一種機械執行式的交易系統，不用判斷市場走勢，只需根據倉位元佔比進行買賣。畢竟唯有不做主觀判斷，才能在人聲鼎沸時退場，並在市場蕭條時，勇敢向前。

優勢四：超額回報。「動態再平衡」可看做是一種停利的策略，在資產週期下行前讓收益落袋為安。雖不能保證賣在週期的最高點，但至少可以避免遭遇回撤。

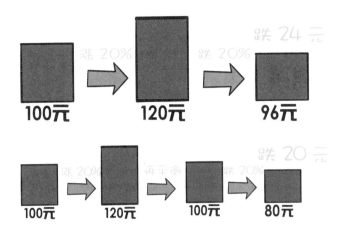

建立一個「動態再平衡」的機制，長期堅持後將能有效增加收益，為你帶來超過市場平均收益 1% ～ 2% 的超額回報。只是，再平衡策略雖好，也不能追求天天都平衡。從時間上來看，可以定期再平衡，每半年或一年進行一次再平衡，這種模式就顯得更為合適；時間太長會增加風險，但時間過短又會增加交易次數，反而增加交易成本。

從波動頻率來看，可以根據資產波動幅度「動態再平衡」，待漲跌 15% 或 20% 時再來進行一次再平衡應該更為合適。畢竟設置幅度太大不易達標，也會增加風險。

上漲 10% 再平衡

設置幅度太小，不僅會增加交易次數和交易成本，還會因為漲幅太小就急於平衡，進而喪失部分收益。

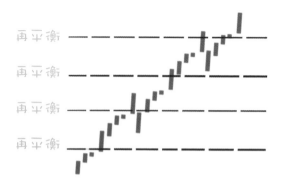

最佳方案應該是結合時間和波動幅度，不管是時間到期還是漲跌幅達標，都可以進行一次「動態再平衡」，藉以確保每年平衡一次資產。

請注意，「動態再平衡」策略應使用在不同的資產之間，股票和債券、行星和衛星等，都很適合進行再平衡。

資產配置和「動態再平衡」的基本原則，都是資產之間的不相關性，所以不相關的股票資產之間也可以進行「動態再平衡」。而「動態再平衡」策略應該著眼於長期，跨越牛市或熊市。市場的波動越大，策略也就越有效，獲得的收益率也就越高。

總之，「動態再平衡」不一定是最好的策略，但永遠不會出錯。

獲得令人滿意的投資報酬比一般人想得容易，但獲取高人一等的投資報酬則比看上去的要難。

5.2

經濟週期—全天候投資策略

資產配置的結構一旦設定完成，就不能輕易變動，但這並不是說一輩子都要遵守最初的設定，隨著經濟週期的發展以及人生走到各個不同的階段時，大家還是可以對資產配置進行調整。

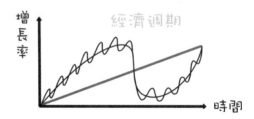

我們先從「經濟週期」說起。

「經濟」是無數交易的總和，每一次的買賣都是一筆交易。

交易的支出總額是經濟的驅動力，所有的經濟週期和經濟動力都是交易造成的。試想：你每花 1 塊錢，就有人會因此賺到 1 塊錢；你花得越多，別人就賺得越多。

若想要買買買，那就只能努力工作，提高生產率，多賺一點錢。

善於創造和生性勤奮的人，將比那些懶惰鬼更快提高生活水準，但這也只能取決於個人的心情和能力，無法對經濟起到規律性的影響。

但工作不行，信貸卻可以。

交易中，買方除了支付貨幣，還可以支付信用，而利用「信用」就產生了所謂的信貸。

貸款人想賺取利息收入，借款人想提前消費。在利率高時，就有更多人想把錢借出去，反觀利率低時，就有更多人願意借錢來消費。

當一個人的收入增加，銀行往往就會更加願意借錢給他。

看您這麼努力，我們銀行特別幫您提高了貸款額度！

他也就因此擁有更多的錢可以消費，而他的消費又是另一個人的收入，另一個人的收入、信貸、消費都跟著提高，整體經濟由此開始向上循環、增長。

因為信貸，短期內的支出總額會超過經濟增長，導致通貨膨脹。而中央銀行為了緩解通貨膨脹，只能提高貸款利率，迫使人們減少借貸。

同時，信用卡的還款金額增加，借錢時的瘋狂消費，讓你在未來必須還錢時，只能勒緊褲腰帶⋯⋯。

　　一個人的消費是另一個人的收入，於是，另一個人的收入、借貸、消費都將進一步縮減，整體經濟正式進入衰退期。這時，中央銀行又要著手降低利率，藉以重新刺激經濟。

　　也就是說，當信貸變得容易取得時，經濟就會擴張；當信貸不易獲得時，經濟就會衰退，如此周而復始，形成短期經濟週期。而這個週期主要由中央銀行控制，每個週期通常能持續 5 ～ 8 年。

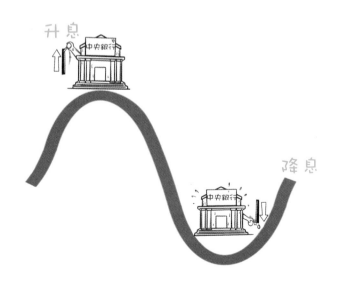

每一個短期經濟週期的信貸和經濟規模，都會超過上一個週期。

原因在於人類生性都更喜歡花錢，而不喜歡還錢。雖然有短期經濟週期的波動，但整體來看，形勢始終一片大好。

增加收入　　　資產價值不斷上升　　股票市場欣欣向榮

很多人願意貸款來購買不斷升值的資產，由於借款人的薪水和投資都在上漲，所以導致貸款人也願意去借出更多的錢。而一旦人們開始過度借貸消費時，經濟就會產生泡沫。

長期以來，債務負擔緩慢增加，償債成本越來越高。直到償債成本的增長速度超過薪水的增長速度，人們這才又不得不勒緊褲腰帶，努力清償債務。而一個人的支出則是另一個人的收入，當收入開始下降，借貸開始減少，人們為了償債，所以只能變賣資產，可是若乏人問津，資產價格便只能一降再降。

銀行不停地放貸，家裡只剩下少得可憐的備用金，此時若大家都到銀行取錢，銀行也拿不出錢來支應。老百姓、企業、銀行紛紛出現違約，這種嚴重的經濟收縮就是「蕭條」。

這時，中央銀行也無能為力，因為利率已降到趨近於零的階段，經濟進入「去槓桿化」時期。大家只能透過削減支出、債務重組、財富再分配以及央行增發貨幣，降低債務負擔。

減少支出

債務重組

財富重分配

印鈔票

　　如果處理得當，自然可以緩步地去槓桿化；反觀若處理不當，往往就會造成嚴重的社會動盪，例如失業率增加，富人和窮人相互憎恨，而這個去槓桿化的過程，通常約會持續10年。

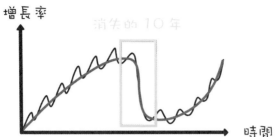

　　不管怎樣，經濟終於開始緩步復甦，重新進入「通貨再膨脹」的階段，這就是「長期債務週期」。

　　以上是世界頭號對沖基金—橋水基金（Bridgewater Associates）的創始人雷蒙德‧托馬斯‧達利奧（Raymond Thomas Dalio），透過經濟分析模式的影片《經濟機器是怎樣運行的》而來的論述，既簡單且實用。影片內容雖與傳統經濟學抱持的理論不太一樣，但也確實幫助他預測和躲避了全球金融危機。

　　雷蒙德‧托馬斯‧達利奧認為，股票和債券各抱持一半的投資組合，風險太大，原因是股票的風險比債券高出3倍，所以，利用一半的股票資產承擔整個投資組合5%的風險，比較洽當。

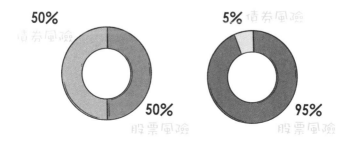

橋水基金一直採用的全天候投資策略，基於雷蒙德・托馬斯・達利奧的經濟週期理論，這種投資策略將整個經濟週期分成四個季節。

	增長	通貨膨脹
上升	經濟成長 高於預期	通貨膨脹 高於預期
下降	經濟成長 低於預期	通貨膨脹 低於預期

對於不同的資產類型來說，有好季節也有壞季節。不過這與大自然中的四季不同，經濟週期中的四季沒有必然的先後順序，所以必須把風險分成四份，藉以應對接下來隨時可能出現的任何季節。

	增長	通貨膨脹
上升	・股票 ・公司債券 ・大宗商品 ・黃金	・大宗商品 ・黃金 ・通貨膨脹 　保值國債
下降	・國債 ・通貨膨脹 　保值國債	・國債 ・股票

　　橋水基金會根據經濟週期來調整資產的配置比例，但這對於普通人來說可能有點困難，於是東尼‧羅賓斯（Tony Robbins）在《錢：7步創造終身收入》（Money master the game: 7 simple steps to financial freedo）一書中，拜託雷蒙德‧托馬斯‧達利奧給出一個簡化版的資產配置方案。

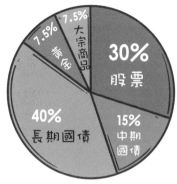

　　只要每年至少進行一次動態再平衡，這個資產配置組合就能以最低的風險，並在任何市場環境下，獲得較高的收益。

　　這個資產配置方案在 1984 ～ 2013 年的這 30 年裡，平均年化報酬率是 9.72%，而這 30 年中，賺錢的年份超過86%，只有 4 年虧損，平均虧損率更只有 1.9%。至於表現最差的 2008 年，也不過下跌 3.93% 而已，反觀那一年的標準普爾 500 指數，竟下跌了 37%。

　　這個資產配置方案和前面所有投資大師採用的模式一樣，並不能直接給你答案，但卻能給予一些啟發。

　　希望你透過瞭解經濟週期的運行規律，學會在不同經濟週期下，順勢調整你的資產配置方案；但你若無法確定目前正處在何種經濟週期，建議可借助市場的氛圍來下判斷。

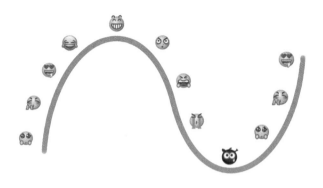

最後，基於經濟週期的規律，雷蒙德‧托馬斯‧達利奧給出了以下三個建議。

第一，別讓債務的增長速度超過收入，否則債務的負擔早晚將你壓垮。
第二，別讓收入的增長速度超過生產率，否則你將失去競爭力。
第三，盡力提高生產率，它將在長期內發揮起一定的影響力。

人生週期—越長大，越穩定

　　社會有經濟週期，你的人生也有經濟週期，每個人從出生到過世都需要金錢的支撐，但能賺錢的時間卻十分有限，大部分普通人的人生經濟週期都遵循草帽規律。

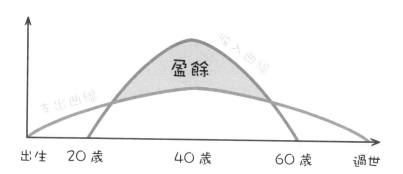

　　成年以後，你會經歷三個人生階段，單身萌芽期、成家立業期和退休養老期。

單身萌芽期　　成家立業期　　退休養老期

單身萌芽期，由於剛踏入社會不久，收入可能既不太穩定也不夠充足，好在年輕人就勝在精力充沛，而且沒有家庭的負擔。

因為資產累積不多，加上未來還有充足的現金流將源源不斷地流入，所以能承受的風險也相對較大，這甚至是你整個人生中，風險承受能力最強大的階段。此時，你可以大規模配置股票類的高風險資產，以定投寬基指數基金來強制儲蓄，以較少倉位的固定收益類資產從旁輔助。即使出現虧損，現金流也可以很快補足彈藥。

在這個過程中，大家要持續學習資產配置知識，累積投資理財經驗。同時也別忘了投資、提升自己，想辦法升職加薪，邁向人生巔峰。

在成家立業期，隨著工作年限的增加，收入應該越來越穩定且呈上漲趨勢，不過經歷了結婚、買房、養育子女等大事件，家庭開銷的壓力也在同步增長。這時，很多開銷是不得不花的，想勒緊褲腰帶存錢已經不太容易，工作也相對穩定，想升職加薪也只能按部就班，對資產的管理應該基於單身萌芽期的基礎，以追求穩定的增長為主。

　　如果在單身萌芽期就開始接觸資產配置，此時你應該有了一定的經驗，能更妥善管理自己的資產，此時雖然應比單身萌芽期更加關注風險，但也不必犧牲太多對收益的追求。如果到了這個人生階段才剛剛接觸理財，那麼還是不要把風險類資產的比例設置得太高，尤其是對風險承受能力不足的話，**50%** 的比例可能更適合你。

　　退休養老期，根據自然規律，這時你的勞動能力開始下降，收入也在達到峰值之後開始逐步下降，沒有足夠的現金流流入，對資產的管理就需要更加保守，否則一旦出現虧損，可沒那麼容易填平虧損。

什麼？虧 20%？那可是 40 萬元啊！

如果從年輕時就開始資產配置，退休養老期可能會來得比較早，也會比較安穩舒適，甚至已經實現了財富自由。如果此時還沒達到財富自由，也不要再為此糾結難過了，當務之急是逐漸把多元化的資產配置，換成固定收益類或者低風險資產，以求平穩度過晚年。

當然，每個人的人生經濟週期都會有所不同，學習能力不同、職業不同、成家立業的時間不同、壽命也不同。高門檻的職業前期需要花費較長時間學習，但年齡越大反而能夠創造越多收入。

模特類職業能在年輕時創造較高收入，但中後期的收入就不是太有保障。

有些人早早地便成家立業，有些人可能選擇不婚……，這些都會導致人生經濟週期的不同。但這並不影響你在不同的人生階段，做出最合適的資產配置決策。

美國先鋒公司曾經做過一張風險規劃圖，說明年紀越大，能承受的風險越小，應該在資產配置中，選擇更多低風險的金融產品。

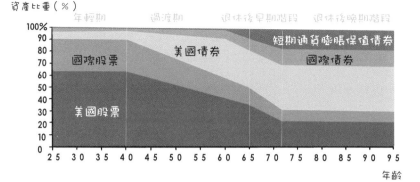

更簡單的方式是，你現在多少歲，就配置多少比例的固定收益類或低風險資產。比如 20 歲時，配置 80% 的股票類資產和 20% 的債券類資產；到 30 歲時，再將這個比例調整到 70% 和 30%。

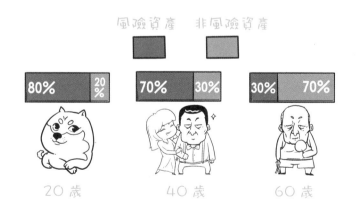

不管怎樣，人生終歸是你自己的，沒人能幫你做出具體

的決策，我只能給出幾條建議。

1. 越早接觸資產配置越好，這將讓你有更多時間去學習和累積，不要想著等有錢時再說，隨著年齡的增長，你能承受的風險將越來越小，留給你的時間也會越少。若等到不得不退休時卻尚未實現財富自由，那可能就再也沒有機會了。

除了中獎

2. 千萬不要在能夠努力時偷懶，不管是在職場還是在投資領域，前期的累積都很重要，增加收入進而快速累積本金，正是制勝的第一步。

3. 要理性地進行資產配置，不要隨意增加自己的風險破口，總有人覺得反正身上也沒多少錢，搏一搏⋯⋯。但別忘了，虧損會延遲實現財富自由的時間。進兩步退三步，永遠也沒辦法到達目的地，這是大家都知道的道理。但進三步退兩步，可能也沒辦法在規定時間到達目的地，這更是大家容易忽略的關鍵。

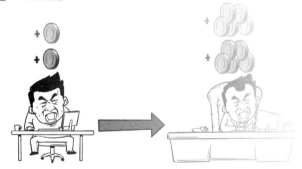

財富自由的秘密

6.1

不要虧錢

「股神」華倫 · 巴菲特說過,他奉行的投資原則就二條──

> 第一條原則:
> 永遠不要虧錢。
> 第二條原則:
> 永遠不要忘記
> 第一條原則。

100 萬元虧損 20%,變成 80 萬元;80 萬元上漲 20%,也不過才 96 萬元。

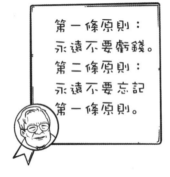

$$100 \times (1-20\%) = 80$$
$$80 \times (1+20\%) = 96$$

100 萬元虧損 50%，變成 50 萬元；50 萬元上漲 50%，才 75 萬元。

$$100\times(1-50\%)=50$$
$$50\times(1+50\%)=75$$

虧損 20%，需要上漲 25% 來彌補，虧損 50%，需要上漲 100% 才能彌補。那虧損 90% 呢？需要上漲 900%！

900%（9倍）

100 萬元如果能上漲 900%，那都已經變成 900 萬元，眼看就要實現財富自由了，可在虧損之後，如此高的漲幅竟然只讓你重新回到原點。所以，投資中最重要的事情就是不要虧錢。

不過投資畢竟有風險，資產波動總是有的，沒有人敢保證自己的投資永遠不虧錢，我們所能做的只是「盡力」避免虧損。

神奇的「能力圈」

曾有幾位先賢們說過：

孔子

亞里斯多德

蘇格拉底

細數過往，歷史上有許多哲學家們所要表達的這個思想，若用最簡單的話總結就是：

做事情之前，請先想想自己的能力所及，而這個範圍就是你的——

其實「能力圈」這個名詞是由股神「巴菲特」於 1996 年的致股東信中所提出，簡單來說就是投資某個標的的時候，要先確認「自己是否有能力評估這一家公司」。

而若是將它用來比喻個人的能力，那就是只要好好地觀察自己，就能知道自己的能力圈在哪裡？，比如以前高中做文理分科的選擇時，我們肯定是選自己喜歡也更有把握的。

投資亦是如此，要知道自己擅長與不擅長的領域。

你擅長的領域就是你的能力圈，是你比別人多出來的優勢，如果你非要去玩那些別人擅長，但你自己卻一竅不通的遊戲，那麼結局便可想而知了。

查爾斯・托馬斯・蒙格（Charles Thomas Munger）曾說，他有三個籃子，分別是：進入、退出和太難。

我們必須對潛在的投資具備特殊的觀察力，否則就只能把它放進「太難」的籃子裡。

A 股市場中，有超過 5,000 檔股票，七十多個行業，二百多個細分產業，你不可能充分瞭解整個市場。你的能力圈可以是其中的某個產業，也可以是其中的幾家公司。

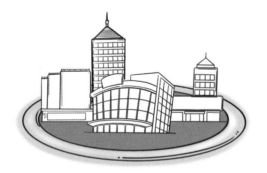

但不管能力圈的範圍是什麼，它既然是個圈，就肯定要有邊界，確定能把你框住，讓你和你最擅長的部分，永不分離。

能力圈的大小並不重要，重要的是清楚自己的能力所及的範圍。

　　如果你想要瞭解一家公司，但其中有很多關鍵點你並不理解，這時你為了繼續瞭解它們，便往往會「強行理解」這些關鍵點。

【名詞解釋】

強行理解：說不懂也還算懂，
　　　　　若說懂卻又不是很清楚。

　　似懂非懂會讓你自以為自己搞明白了，進而做出錯誤的決定。

能力圈　　　災難

　　做為投資者，不懂沒關係，反正不買就不會虧錢，但若是似懂非懂的話，那問題可就大了！因為這樣一來就會讓你開始自我感覺良好，進而涉險。所以，知道自己能力所及的界限，遠比能力好壞，重要許多。

每個人都有自己擅長的領域，比如你大學所學的專業和你工作所在的行業，都是你比別人多出來的優勢。你會更容易理解這個行業的技術、產品、上下游以及發展趨勢，不必強行理解。

曾經有位粉絲跟我說，他在一家大型連鎖超市工作，他時不時就會跑去觀察商品陳列，記錄某些品牌的銷量、進貨量、大倉資料甚至採購目標等。

然後，回去後再研究某一個品牌的市場份額以及業績增長等。

如果你在上市公司工作，那一切就更簡單了，公司、產業龍頭以及上下游的合作廠商……，你肯定都比別人更容易瞭解，也會有更深的體會。

再比如興趣和愛好，大家都說興趣是最好的老師，只要喜歡，你就會花時間去研究，心甘情願地去學習，而且可以理解得非常透徹。我有個賣茅臺酒的朋友，起初就是因為喜歡喝酒，甚至還愛研究……，也就是這樣研究著、研究著，搞到最後竟然便開了一家酒行，從此以後不管和誰吃飯，他就是習慣上桌便開始討論、分析白酒行業的趨勢。

大家不妨根據興趣、愛好去拓展能力圈，然後花些時間持續鑽研，這往往會帶給我們比別人更多的優勢。就像一個遊戲老手「虐待」新手一樣，多半更容易贏。

能力圈不用多大，更不用包羅萬象，巴菲特終其一生也不過就圍繞著大概十個領域在折騰罷了。

需要注意的是，拓展能力圈絕對不是一蹴而就的事，想要研究得清楚、明白，這總歸是需要時間的。

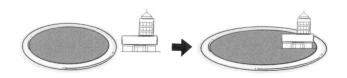

如果你發現自己的能力圈拓展飛快，這恐怕是在警告你，準備要犯錯了。

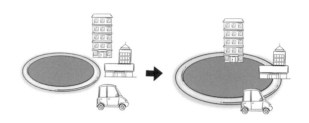

總之，清楚自己的能力圈，並在能力範圍內做決策，方可有效降低虧損。

安全邊際

當你在高速公路上開車，通常會與前車保持多少距離？你可能想都不用想，就能給出答案。

這 100 公尺的間距，就是讓你有足夠的時間反應前車的狀況，哪怕前面緊急 車，你也能逃過一劫……。

但如果你緊跟在前車的屁股後面，對方一旦緊急 車或翻車，你就很有可能會一頭撞上去。因此想要避免悲劇，就要時刻緊盯著前車，不停地預測它什麼時候會煞車。

所以，這 100 公尺就是所謂的安全距離，若放到投資中來看，那就叫做「安全邊際」，也就是價格和價值之間的距離。

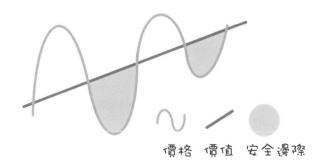

價格　價值　安全邊際

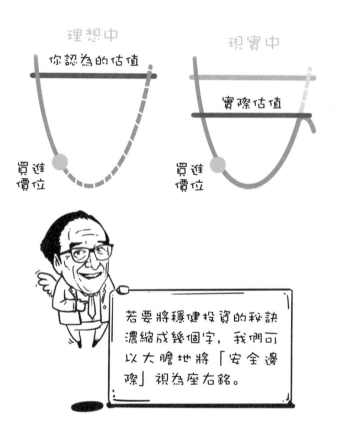

　　投資任何資產，本都應該預留安全邊際，買進價格若離實際價值越遠，安全邊際就越高。而當安全邊際夠充裕時，便不容易出現虧損的狀況，就算真有虧損也不會太嚴重；反而是賺錢的時候，若有安全邊際傍身，那就能確保自己賺更多，而這就是「安全邊際」的意義。

理想中

你認為的估值

買進價位

現實中

實際估值

買進價位

若要將穩健投資的秘訣濃縮成幾個字，我們可以大膽地將「安全邊際」視為座右銘。

　　有人說，安全邊際就像打折，在商品打七折的時候買入，相當於有三成的安全邊際。道理其實差不多，但安全邊際更是一種理念，而非指標。

　　不是一定要打幾折才能買進，而是我們一定要具備這種意識。

　　這種意識來自於對資產的理解，來自於對資產未來較長時間內，發展趨勢的一種清晰判斷。

　　只有在能力範圍所及內，對資產有著真正的瞭解，我們才能分析出資產目前的價格是否安全，進而做到不畏懼短期內的下跌。雖然沒辦法幫你們逐個分析，但我可以給你們一點方向。

　　對於一家企業來說，偉大比平庸更具備安全邊際，偉大代表穩定持久的高獲利，而這本身就能抵消大量的、不安全的條件。

寧可以合理價格買進「偉大」的企業，也勿以便宜的價格買進「平庸」的企業。

　　誠實的管理層遠比詭計多端的管理層更具有安全邊際，許多被曝出財務醜聞的公司早已告訴你這個道理了。健康的財務資料比危險的財務資料更具有安全邊際，因為危險的財務資料就像在走鋼索……。

　　低估的價格比高估的價格更具有安全邊際，買進的價格越低，肯定越安全。

對於某一個產業來說，行情差的時候比行情好的時候更具有安全邊際，因為行情好就意味著，未來沒有太多上漲空間了。

競爭優勢越大，安全邊際越大，所以每個產業的龍頭企業，通常就具備較高的安全邊際。

同行之間只有我打壓別人的份，沒人可以打壓我！

高消費產品比低消費產品更具有安全邊際，因為低收入人群的消費，更容易受到影響。

富人階層不消費，還可以降價讓中產階層繼續消費；中產階級不消費，也還有低收入戶會接著來，而且更容易應對。

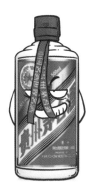

對於不同的行業來說，穩定的產品比更新換代快的產品更具有安全邊際，因為更新、換代快，正好意味著產品可能會隨時被淘汰。

對於整個市場來說，熊市比牛市更具有安全邊際，因為熊市的盡頭是牛市，牛市的盡頭是熊市。低迷的市場情緒比高漲的市場情緒更具有安全邊際，原因是低迷的市場情緒，往往會給出悲觀的價格。

對於投資者來說，深入研究一檔股票，將比分散粗略研究 N 檔股票來得更具有安全邊際。

耐心等待時機比匆忙決策，更具有安全邊際；而穩紮穩打比投機取巧，更具有安全邊際。

給自己留有足夠的安全邊際，將可以有效降低虧損。

6.2

獲取超額收益

想要讓你投資的資產組合，收益更加優異，除了避免虧損，還要努力獲得超額收益，也就是「超乎預期報酬率」的獲利。

智能定投

所謂智慧定投，也是一筆一筆地投入，但是不定期也不定額，講究低價位時多投、高價位時少投，藉以實現利潤最大化。

比如有一檔基金的淨值走勢是這樣的。

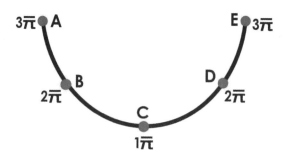

在普通定投的模式下，於 A、B、C、D 四個時間點各別投入 100 塊錢，總收益是：

總收益＝ 100 ÷ 3 + 100 ÷ 2 + 100 ÷
1 + 100 ÷ 2 = 233.3 份
基金總值＝ 233.3 × 3 = 699.9 元
總 收 益 ＝ (699.9 - 400) ÷ 400 ×
100% = 74%

智慧定投可設置一條藍線並設定規則：在價格位於藍線上方時，普通投入；在價格位於藍線下方時，翻倍投入。

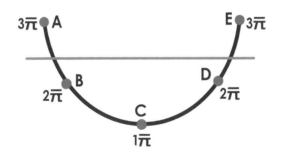

於是，最終收益將變成：

總收益＝ 100 ÷ 3 + 200 ÷ 2 + 200
÷ 1 + 200 ÷ 2 = 433.3 份
基金總值＝ 433.3 × 3 = 1299.9 元
總收益＝ (1299.9 - 700) ÷ 700 ×
100% = 85.7%

　　智慧定投的原理是，在低價位時大量買進，藉以加速攤平持有成本，待價位較高時則儘量少買，甚至不買，防止成本竄升。最終，智能定投以 **85.7%** 的報酬率，完勝普通定投的 **74%**。現實中，拿上證指數來看，你可以設置幾個區間，跌到下一個區間時就加投 10%。

　　如果你無法設置幾個區間，不知道如何把每個區間設置到多寬，那麼也可以乾脆採用「均線法」—均線以上，正常投入；均線以下，翻倍投入。

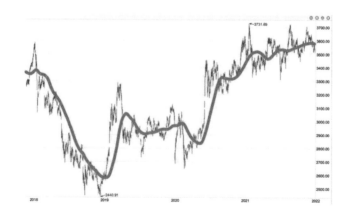

分批買進

不僅是基金，大多數的資產都可以分批買進，以此拉低平均成本，獲得超額收益。

分批買進是在你尚未確定時買進一部分，然後隨著股價下跌，不斷加倉，直到最後獲得一個相對接近底部的平均成本。

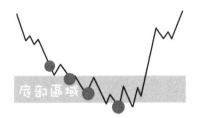

分批買進既可避免一次性買在高點的尷尬，也能降低選擇時機的難度，既能克制購買衝動，也能讓你有更多時間詳細研究公司，甚至還能增強確定性，即使誤判趨勢，代價也不致太大。

最重要的是，分批買進後，市場漲跌對你來說就都是喜事了！因為漲了能立即獲利，跌了也可撿到更便宜的籌碼，這將會讓你的心態更趨穩定。

喲，跌了！又可以準備進場撿便宜了！

哈，漲了！之前買的已經有收益了！

分批買進的方法很多，基本上可以分為兩種，第一種是平均倉位法，資金平分，最常見的是 5 檔建倉，比如將 10 萬元分成 5 份，待到達一個估值時就以 2 萬元代價買進一份倉位。

第二種是遞增倉位法，價格越低，買入的資金越多，常見的是 3 檔或 4 檔建倉，3 檔建倉就以 2、3、5 的比例劃分資金。

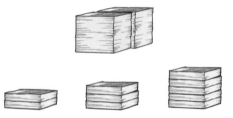

4 檔建倉就以 1、2、3、4 的比例劃分資金。

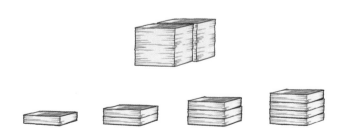

乍看之下，遞增倉位好像更合理，畢竟價高時少買，價低時多買，成本豈不更低。但這只是在最理想的情況下才能實現的結果。萬一沒到後面倉位的買入價格就開始上漲，那麼依靠前面的為數不多的倉位，只能獲得有限收益，這不也是一種損失。

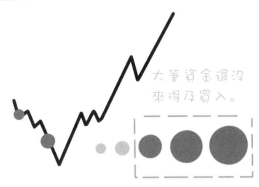

大筆資金還沒
來得及買入。

至於檔位之間的間隔設置，這就是因個人和資產而異了，不要貪心地把檔位設置過寬，一心想著等下跌 30% 再出手，豈料萬一跌到 28% 就開始上漲呢，那你豈不是更難受？

−30%

　　此外也不要讓下跌突然改變你的想法—跌到 30% 時，還想等 40%，除非老天爺白白送給你，否則這樣的做法是永遠等不到滿意的價格的。一旦設置好的方案就要徹底執行，這與資產配置裡的任何一個環節都一樣。

[後記]

最後的建議

　　資產配置的全部內容，我們已都全部講完了，不知道你記住了多少內容？筆者在書本的最後還有幾條重要的建議，相信應該對你非常有用。

　　第一，目標堅定且清晰。你的財務目標一定要非常清楚，事件、金錢、時間等一個都不能少，這樣才能讓你擁有足夠的動力，堅定地朝著目標邁進，不會在中途迷路。

事件　時間　金錢

　　第二，不要虧錢。虧損50%，就要再賺100%才能回本，還得賠上永遠也賺不回來的時間。因此在投資時，防守絕對比進攻來得重要許多，只要不虧錢，就能活下來，等待第二天再繼續戰鬥。

　　第三，不受情緒影響。一旦制訂儲蓄計畫、資產配置比例、停利或分批買入的轉折點時，記得就要嚴格執行，萬萬不能被情緒所左右，輕易更改計畫。

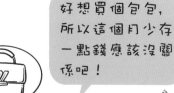

不！絕對不可以，畢竟投資是違反人性的事情，制定計劃的目的本就是讓自己不受主觀情緒影響。除了在人生中幾個必要的轉折點，可以接受某種程度的修改計畫，其他時間請務必把自己當做是機器人一樣，徹底完成任務。

第四，現金流很重要。為什麼股票和債券是最受歡迎的資產？因為即是它們能夠創造持續且穩定的現金流，例如股息、利息、租金等都是很好的現金流。

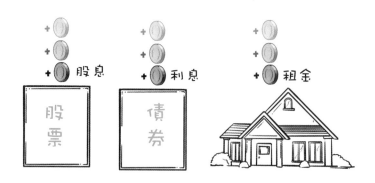

相較於賺取買賣價差的一次性收入，現金流不僅能為你贏得更多穩定的收益，還能減輕你長期持有某種資產的壓力。

第五，切勿在意波動。不管是整體經濟、資本市場還是產業與個體，全部都會因為週期而產生波動，但波動本身並不是風險，只是為了長期的確定性，而必須去忍受的短期不確定性。

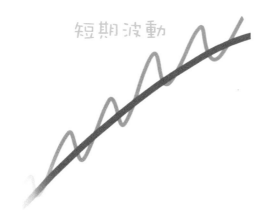

第六，要有耐心。最好的投資從來都不是因為選擇了最好的時機而來，其實是熬過了最艱難的時刻所造就。所謂艱難的時刻，不只是指市場的周期，甚至包括「逆向操作」的痛苦。

在市場熱情高漲、人人大喊賺錢的時刻，你仍然保持冷靜、不急著出手；在市場悲觀絕望、人人避之唯恐不及的時候，卻仍有勇氣踏入市場，逢低掃貨……。不管是買進或賣出，往往都需要耐心等待合適的時機出現。

第七，兼顧生活。不要將投資或賺錢當成是生活的全部，畢竟這都是為了獲得更好的生活而來。

不要選擇會讓自己焦慮的資產，不要選擇超乎自己風險承受能力的資產，不要讓它們毀了你的生活與心情，要在做好資產配置的同時，享受生活。

第八，學會花錢。不要只會賺錢而不懂花錢，畢竟除了投資資產，你還可以投資於體驗，投資於時間，甚至投資於別人身上，需明白花錢會給你帶來幸福感，而這才是賺錢的意義。

第九，堅持給予。不管你賺了多少錢，都要堅持拿出一部分來分享，幫助那些需要幫助的人，「給予」正是財富的終極目的與意義。

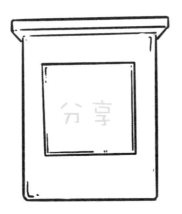

第十，永不停歇。投資大師們多半已擁有足夠的財富，早就實現財富自由，可他們多半仍未離開工作崗位。因為他們並不是為錢而工作，是為了興趣與熱愛而工作。

不要停止學習，不要停止進步，不要停止熱愛，不要停止幫助他人─這一切都是為了更有意義的人生。

永不停歇！

第十一，保持行動力。所謂「術有千萬種」，有一種即是現在就去做。

因為「現在」正是最早的時間。

識財經

看漫畫零基礎學會 資產配置

作者 / 繪者—管鵬
視覺設計—徐思文
主　　編—林憶純
行銷企劃—蔡雨庭

總 編 輯—梁芳春
董 事 長—趙政岷
出 版 者—時報文化出版企業股份有限公司
　　　　　108019 台北市和平西路三段 240 號
　　　　　發行專線—（02）2306-6842
　　　　　讀者服務專線—0800-231-705、（02）2304-7103
　　　　　讀者服務傳真—（02）2304-6858
　　　　　郵撥—19344724 時報文化出版公司
　　　　　信箱—10899 臺北華江橋郵局第 99 信箱
時報悅讀網—www.readingtimes.com.tw
電子郵箱—yoho@readingtimes.com.tw
法律顧問—理律法律事務所 陳長文律師、李念祖律師
印　　刷—勁達印刷有限公司
初版一刷—2024 年 2 月 16 日
定　　價—新台幣 350 元

時報文化出版公司成立於 1975 年，並於 1999 年股票上櫃公開發行，於
2008 年脫離中時集團非屬旺中，以「尊重智慧與創意的文化事業」為信念。

看漫畫零基礎學會 資產配置 / 管鵬作 .-- 初版 .-- 臺
北市：時報文化出版企業股份有限公司，2024.02
248 面；14.8*21 公分 .--（識財經）
ISBN 978-626-374-623-7（平裝）
1.CST: 投資管理 2.CST: 資產管理 3.CST: 漫畫
　　　563.5　　　　112019063

ISBN 978-626-374-623-7
Printed in Taiwan